De creatiespiraal

Marinus Knoope

DE CREATIESPIRAAL

natuurlijke weg van wens naar werkelijkheid

Eenentwintigste druk

Uitgegeven door
KIC Nijmegen Nederland

Uitgegeven door: KIC Nijmegen
Knoope Ideaal Coaching BV
Berg en Dalseweg 361
(NL)6523 LM Nijmegen
E-mail: marinus.knoope@inter.NL.net
Internet: www.decreatiespiraal.nl

Vormgeving	: Mediæval Nijmegen
Foto omslag	: Ewout Staartjes Deventer
Druk	: Thieme MediaCenter Nijmegen
Bindwerk	: Boekbinderij van den Burg, Weurt

ISBN 978-90-8046771-2
NUGI 711
Trefw. Levenskunst

Voorwoord

Het verheugt mij dat u dit boek leest. Ik schreef het voor u. Doordat u het aandacht schenkt, krijgt het betekenis.

Alvorens mijn verhaal te beginnen, wil ik een aantal mensen noemen en bedanken die, naast mijn religieuze opvoeding, in de ontwikkeling van mijn ideeën een belangrijke rol hebben gespeeld: Fritjof Capra, Albert Einstein, Erich Fromm, Jacques Guerrier, G.I.Gurdjeff, Toon Hermans, Herman Hesse, Nelleke van Hezewijk, Maja Jeffkins, Peter Knoope sr., Martin Kojc, J. Krishnamurti, Beatrix Kunz, Bernard Lievegoed, Nelson Mandela, Frank Natale, P.D.Ouspensky, Eva Pierrakos, Jean Paul Sartre, Frans Storms, Wiel Tonies, Wil Wellen, Ken Wilber, Gary Zukav en mijn grootvader Marinus Knoope.

Bovendien wil ik Marieke Briedé, die mij maandenlang zowel praktisch als mentaal volkomen belangeloos intensief terzijde stond, uitdrukkelijk dank zeggen. Zij hielp mij over vele drempels, bleef in mij geloven als ik dat nodig had, gaf feedback, typte, corrigeerde. Een engel, zonder wie dit boek voorlopig niet geschreven zou zijn.

Dertig jaar geleden. Ik was een jonge vader. Vaak wanhopig op zoek naar de weg. Veel vallen en weer opstaan. Geen stabiel punt in het leven van mijn kinderen. Dat het zoeken toch tot iets moois heeft geleid, daar ben ik trots op en dankbaar voor. Ik draag dit boek daarom op aan Estelle en Regis.

LIJST VAN AFBEELDINGEN

INHOUD

DEEL I
de theorie

DEEL II
de praktijk

DEEL I
de theorie

"Wensen zijn voorgevoelens
van hetgeen u in staat bent
daadwerkelijk te realiseren."

Goethe

Hoofdstuk 1

Het begon allemaal met mijn moeder

Er was eens een volk dat iedere lente een groot bloesemfeest organiseerde. Zodra bomen en struiken in bloei stonden, werd iedereen ingeschakeld om zorgvuldig al die kleine tere bloemetjes een voor een van de takken te plukken. Daar werden door de bewoners dan overheerlijke bloesemtaarten van gebakken.

Door alle bloesem op deze manier te consumeren, kregen de gewassen zelf geen gelegenheid om zaden te produceren. Ze konden zich niet meer voortplanten. Langzamerhand stierven in dat land alle bomen en planten uit.

Maar daar maakte het volk zich geen zorgen om. Als het ze wat te kaal werd, trokken ze gewoon naar een nieuwe streek met nieuwe gezonde planten. Daar leefden ze dan weer verder met die van generatie op generatie overgeleverde gewoonte om in de lente alle bloesem van bomen en struiken te halen.

Het heeft jaren en jaren geduurd voordat ze bij toeval ontdekten dat als je de bloesem in de lente gewoon aan de boom laat hangen, je aan het einde van de zomer iets krijgt wat veel lekkerder en voedzamer is. Iets wat wij vandaag de dag fruit noemen.

Ooit ontdekte de mens dat de bloesem een voorbode is van het fruit. Het boek waar je nu in begint, gaat over zo'n zelfde ontdekking. De ontdekking dat wensen van mensen een voorbode zijn van dat wat ze later zouden kunnen beleven.

Zoals de bloesem aan een fruitboom onder de juiste omstandigheden uitgroeit tot gezond fruit, zo groeien ook onze wensen onder de juiste omstandigheden uit tot een door ons gewenste werkelijkheid.

"Jouw wensen zijn een voorgevoel, van hetgeen je in staat bent om ook daadwerkelijk te realiseren." Dat schreef Goethe[2], alleen hij schreef er niet bij hoe. Jouw wensen zijn een belofte van wat later zal zijn, mits je zorgt voor de juiste omstandigheden. Je dient je wensen zorgvuldig te behandelen. Je kunt ze, als ze nog jong en teer zijn bijvoorbeeld, beter niet belachelijk maken of zondig en irrealistisch noemen.

Maar voordat ik verder vertel over mijn ontdekking, wil ik je eerst iets vertellen over de intensieve zoektocht die eraan voorafging. Een lange tocht die begon in mijn kindertijd, door liep in mijn studietijd en de vele jaren daarna. Totdat ik eindelijk de oplossing van het raadsel vond: "de creatiespiraal".

Het begon allemaal in 1947 met mijn moeder. Mijn moeder reageerde nogal onvoorspelbaar als ik iets fout had gedaan of iets kapot had laten vallen. Soms werd ze boos, maakte mij duidelijk dat het mijn schuld was, dat ik beter had moeten uitkijken en meer mijn best had moeten doen. Ze reageerde echter ook wel eens door te zeggen dat het maar een ongelukje was en dat ik er niets aan kon doen. Dat ik het me maar niet aan moest trekken.

Lange tijd ben ik bezig geweest te achterhalen wanneer iets mijn verantwoordelijkheid was en wanneer ik er niets aan kon doen. Ik kwam er maar niet achter. Ik begreep gewoon niet wanneer het mijn schuld was en wanneer niet.

Tot ik mij op een goede dag, het was jaren later, realiseerde dat het antwoord niet zozeer in mijn eigen gedrag alswel in de stemming van mijn moeder gezocht moest worden. Afhankelijk van de stemming van mijn moeder was ik de veroorzaker van mijn eigen ongeluk of was mijn ongeluk iets dat mij gewoon overkwam.

Heb jij een beter antwoord op de vraag wanneer een ongelukkige gebeurtenis in jouw leven je eigen schuld ofwel je eigen verantwoordelijkheid is en wanneer je de oorzaak buiten jezelf moet zoeken?

Iedereen heeft zo zijn eigen antwoord op de vraag wanneer iets iemands eigen schuld is en wanneer dat nou net niet zo is. En de meeste mensen zijn ook heel erg overtuigd van hun eigen gelijk.

Meestal zijn onze antwoorden op de vraag of wij al dan niet zelf de veroorzaker zijn van het geluk en ongeluk in ons leven niet gebaseerd op heldere of wetenschappelijke inzichten maar op irrationele en emotionele gronden, op de opvattingen en stemmingen van onze opvoeders.

De meningen zijn dan ook zeer verdeeld. Sommigen zijn van mening dat je altijd zelf de schepper bent van de werkelijkheid waarin je leeft. Dat geldt dan voor het verkrijgen van materieel succes tot en met het op een dieper niveau zelf veroorzaken van een ernstige ziekte. Anderen zien het leven als een geschenk of een opgave van God waar je zelf weinig of geen invloed op hebt en waar je het gewoon mee zult moeten doen. De mens wikt maar God beschikt.

Veel mensen behoren tot de categorie wijze mensen en die zijn van mening dat de waarheid in het midden ligt. Waar dat midden dan ligt is overigens volkomen onduidelijk. Dat hangt van je stemming of van de stemming van je omgeving af.

Je kunt de mensen om je heen ook op een andere manier onderverdelen en wel in een categorie die van mening is dat ze het allemaal zelf gedaan heeft als de zaken goed gaan. Kijk eens hoe geweldig ik ben, ik creëer mijn eigen succes. En als het dan een keer mis gaat, dan ligt dat natuurlijk niet aan hen maar aan de anderen, de economische omstandigheden of iets anders waar zij zelf niet verantwoordelijk voor zijn.

Terwijl er ook een categorie mensen is die juist als het fout gaat, geneigd is om de verantwoording op zich te nemen. Je komt dit overigens wat meer bij vrouwen tegen. Zo van "Neem me niet kwalijk, ik heb mij onvoldoende voorbereid, ik heb onvoldoende opleiding en onvoldoende ervaring. Mea culpa, mea culpa, mea maxima culpa". En als het dan een keer goed gaat, hebben ze gewoon geluk gehad.

Ook hier vinden we natuurlijk weer een wijze meerderheid voor wie ook wat dat betreft de waarheid in het midden ligt. Die, afhankelijk van de omstandigheden, meestal uit pragmatische overwegingen kiest voor de ene dan wel de andere kant.

We hebben geen helder zicht op de invloed die het individu heeft op de kwaliteit van zijn eigen leven. Is de werkloze verantwoordelijk voor zijn werkloosheid, de zwerver voor zijn armoede, de patiënt voor zijn ziekte, de scholier voor zijn cijfers, de verslaafde voor zijn verslaving, de rijke voor zijn rijkdom, de crimineel voor zijn agressie en het slachtoffer voor zijn ongeluk?

Iedereen meent het te weten en iedereen heeft natuurlijk gelijk maar iedereen heeft wel een ander gelijk en vindt dus wat anders. Van de Europese calvinist tot de Amerikaanse 'self-made man'. Van de trotse macho tot het bescheiden meisje. De meningen zijn zo uiteenlopend dat enige voorzichtigheid bij het kiezen van een standpunt op zijn plaats lijkt. Ligt de waarheid dan toch in het midden? Waar is dan toch dat midden?

Als jongeman dacht ik: "Waarom zou ik mij eigenlijk druk maken over mijn toekomst als ik nog niet eens weet of ik er wel invloed op heb?" Ik begreep niet dat mensen zich zorgen konden maken over morgen zonder zeker te weten of ze er wel enige greep op hadden.

Ik ben geboren en opgegroeid in een eenvoudige buurt in Rotterdam-Zuid. Ik had gehoord dat mensen op de universiteit heel erg intelligent waren. Ik vermoedde dat ze daar wel een antwoord zouden hebben op de vraag of je als mens invloed hebt op je eigen toekomst en zo ja, hoe dan.

Dus besloot ik na mijn middelbare schooltijd, ergens halverwege de jaren zestig, natuurkunde te gaan studeren. Daar vond je onder de intellectuelen de slimsten, zo zei men.

Na jaren van studie en jaren als wetenschapper te hebben gewerkt, had ik, zo realiseerde ik mij, weliswaar veel gestudeerd maar nog steeds geen antwoord op de vraag of ik zelf wel of geen invloed op het verloop van mijn leven heb.

Toen ik probeerde het thema bij mijn collegae aan de orde te stellen, ontdekte ik tot mijn verbazing dat niemand zich er voor interesseerde. Men vond het maar een onzinnige vraag. Het was bijzonder ontluisterend te moeten ontdekken dat ook natuurkundigen zich zorgen maken over morgen zonder zich te willen afvragen of ze daar wel invloed op hebben. "Wat heeft dat nou voor zin?"

Ik heb de wetenschap achter mij gelaten en ben in de chaos van de werkelijkheid van alledag op zoek gegaan naar een antwoord op mijn vragen.

Eén aspect uit de moderne natuurkunde, heeft mij echter nooit meer losgelaten, dat is de relativiteitstheorie van Einstein (1905). Ondanks het bijna honderdjarig bestaan van deze theorie hebben wij ons de consequenties die ze voor ons wereldbeeld met zich meebrengt, nog volstrekt niet eigen gemaakt. Eén van de inzichten van de relativiteitstheorie is namelijk dat de tijd een ruimte is waarin je verplaatst zou kunnen worden.[3]

Wat dat feitelijk betekent, is voor een mens net zo moeilijk te bevatten als voor een boom om zich voor te stellen dat het bos een ruimte is waarin hij verplaatst zou kunnen worden. De meeste bomen maken zoiets namelijk nooit mee. Zolang jij niet in het jaar 3000 op bezoek bent geweest, is het moeilijk te geloven dat je daar wel had kunnen zijn.

Nu heb ik bij mij in de tuin een kerstboom staan en die heeft het al een paar keer meegemaakt. Hij heeft de afgelopen jaren alle hoeken van de tuin gezien en hij weet nu dat de tuin een ruimte is waarin hij verplaatst kan worden. Hij praat erover met de bomen om zich heen. Nu denken de andere bomen dat hij wat overstuur is en ze overwegen hem onder psychiatrische behandeling te laten stellen.

Als je ooit door een marsmannetje wordt meegenomen naar het jaar 3000 of gewoon naar morgen en je komt levend terug, vertel dan aan niemand wat je hebt meegemaakt want ze denken vast dat je gek geworden bent. Maar volgens de relativiteitstheorie van Einstein kan het wel.

Wanneer de tijd daadwerkelijk een ruimte is waarin je verplaatst kunt worden, waarin je kunt reizen, als je nu naar morgen toe kunt, dan is morgen er nu dus ook. Dan heeft morgen nu dus ook een vorm. Met andere woorden als je graag wilt weten hoe het morgen of over tien of twintig jaar met jou gesteld is, maak dan gewoon even een reisje in de tijd of wacht rustig af. De toekomst komt vanzelf voorbij als het zover is.

Wij leven met de schijnbaar vanzelfsprekende gedachte dat wij onze eigen beslissingen nemen. Dat wij voortdurend onze eigen keuzes maken, daarmee onze werkelijkheid besturen en zodoende, in ieder geval deels, onze eigen toekomst bepalen. Maar is dat eigenlijk wel zo? Nemen wij wel beslissingen of overkomen onze beslissingen ons?

Ik besloot een experiment te doen. Als ik er nu eens vanuit ga dat ik zelf niets hoef te beslissen, dat alles vanzelf gebeurt zoals het gebeurt. Als ik nu eens ophoud met het nemen van beslissingen. Wat gebeurt er dan? Verandert mijn leven dan wel of niet?

Ik ging 's ochtends voor mijn kledingkast staan en dacht niet: "Wat zal ik vandaag eens aantrekken." maar dacht: "Ik ben benieuwd wat ik vandaag aantrek." Ik ging bij mensen op bezoek en dacht niet: "Hoe laat moet ik weer opstappen?" Nee, ik was gewoon nieuwsgierig hoe laat ik weer zou gaan en óf ik weer zou gaan.

Het eigenaardige was, ik trok gewoon iedere ochtend iets aan, liep nooit naakt naar buiten en verliet ook altijd op een redelijk tijdstip de mensen bij wie ik op bezoek was. Het had er eerlijk gezegd alle schijn van dat alles gewoon doorliep. Mijn beslissingen gebeuren ook als ik ze niet willens en wetens zelf probeer te nemen.

Als je niet weet wat je zult doen, als je niet weet wat je moet beslissen, blijf dan gewoon eens rustig kijken, wees nieuwsgierig naar wat je gaat doen, wacht af en neem waar wat er gebeurt. Je beslissingen komen vanzelf.

Medisch onderzoek heeft ons geleerd dat er in ons zenuwstelsel chemische reacties plaatsvinden en dat wij vervolgens iets willen. Terwijl wij in onze argeloosheid veronderstellen dat wij iets willen en dat er daardoor chemische reacties plaatsvinden. Ons lichaam vertelt ons wat wij willen en niet andersom. Dat een boom omhoog groeit, is evenmin of evenzeer zijn eigen beslissing als dat een zalm tegen de stroom in zwemt, dat een hond blaft of dat een mens zich aankleedt en naar zijn werk gaat.

De mens heeft het bijzondere vermogen zich van zichzelf bewust te kunnen zijn maar dat is niet hetzelfde als het vermogen om zichzelf te kunnen besturen. Die twee, zichzelf bewust zijn en zichzelf besturen, worden door ons voortdurend door elkaar gehaald.

Juist omdat je je zo druk maakt over het besturen, vergeet je jezelf bewust te zijn.[4] Pas als je de besturing even laat voor wat ze is, ontstaat er ruimte om bewust waar te nemen, ruimte om te bestuderen hoe de mens werkt, hoe jij in elkaar zit, hoe jij bestuurd wordt.

Probeer je eens bewust te zijn van de beslissingen die je neemt en probeer eens niet zelf je beslissingen te nemen. Je leert jezelf pas echt kennen als je jezelf bewust waarneemt. Neem waar hoe en wanneer je welke beslissing neemt, wees nieuwsgierig en bestudeer jezelf voordat je meent jezelf te kunnen besturen.

Ga eens na waar op dit moment je linkerhand is en probeer je eens te herinneren wanneer je besloten hebt dat hij daar zou zijn. Ik neem aan dat je tot de conclusie komt dat je die beslissing nooit genomen hebt. In ieder geval niet op een moment dat jij er zelf bewust met je aandacht bij was.

En hoe is op dit moment je gelaatsuitdrukking, wanneer heb je besloten dat ze zo zou zijn? Weet je wat de invloed van je gelaatsuitdrukking is op het verloop van de rest van je leven, op je liefdesleven, op je kansen op promotie? Ze is mede bepalend voor je kansen op succes op vele levensterreinen. Toch heb je haar meestal niet onder controle.

Wij nemen zo oneindig veel beslissingen die de kwaliteit van ons leven mede bepalen dat we ons deze beslissingen onmogelijk allemaal bewust kunnen zijn, laat staan dat wij ze weloverwogen zouden kunnen nemen.

Die enkele beslissing waar wij ons zo nu en dan wel druk over maken, is er slechts één uit een rij van duizenden en het zou wel eens zo kunnen zijn dat we de betekenis ervan schromelijk overschatten. Het is niet voor niets dat beleidsmakers zo vaak het gevoel hebben dat ze met hun beslissingen achter de feiten aanlopen. Ze hebben waarschijnlijk gewoon gelijk.

Ik was midden dertig toen ik mij met deze experimenten bezig hield. Nu was het in die tijd zo dat ik graag danste maar ik kon het niet. Ik probeerde het wel, ik deed mijn best om het goed te doen maar ik kreeg het dan vreselijk warm en benauwd. Dan had ik er geen zin meer in, gaf de moed op en ging maar weer zitten.

Tot ik op een dag besloot mijn experiment met het laten gebeuren van de toekomst ook toe te passen op het dansen. Als toch alles vanzelf gebeurt dan gebeurt ook het dansen vanzelf. Ik ging de dansvloer op, deed mijn ogen dicht zodat niemand mij kon zien en liet mijn lichaam gewoon gaan. Ik maakte allerlei bewegingen die ik mijzelf normaal gesproken verboden zou hebben. Ik gaf mijzelf toestemming om te zijn met wat er op dat moment toevallig wel of niet was.

Het voelde wat vreemd. Toen ik na een minuut of twintig als vanzelf weer ging zitten kwam er iemand naar mij toe. Hij zei: "Wat dans jij leuk!" Ik had nog nooit eerder een compliment voor mijn manier van dansen gekregen. Zo ontdekte ik dat dansen pas lekker gaat als je het laat gebeuren, als je je lichaam zelf laat dansen.

Nu heb ik ook altijd graag als spreker voor volle zalen gestaan maar ik wist nooit wat ik daar zou moeten vertellen. Ik dacht: “Als het gelukt is met dansen, dan kan ik het ook proberen met spreken.” Er kwam een kans. Op het moment dat ik de microfoon in handen had, sprak ik de woorden: “Ik weet niet wat ik moet zeggen maar als u het niet erg vindt dan luister ik gewoon met u mee.”

Het publiek begon te lachen. Het werd mijn eerste succesvolle spreekbeurt. Weet je, spreken gaat pas goed als jij je er niet meer mee bemoeit. Als je probeert na te denken terwijl je aan het praten bent, ga je stotteren. Als je probeert na te denken over hoe je moet dansen, struikel je over je eigen voeten. Als je nadenkt over hoe je moet lopen, kun je echt niet meer lopen. Misschien geldt dit ook voor managen, leidinggeven, liefhebben, ondernemen en leven. De zaken gaan pas echt goed als je ze gewoon laat gebeuren.

Het lijkt er dus op dat als je jezelf gewoon laat gaan en tegelijkertijd het gedrag dat daaruit voortvloeit bewust waarneemt, dat je je dan min of meer als vanzelf ontplooit in een richting die prettig voor je is.

Enthousiast en nieuwsgierig geworden deed ik een experiment met mijn nicotineverslaving. Ik rookte al ruim twintig jaar. Dat beviel mij helemaal niet. Ik was er dan ook al een aantal keren mee gestopt maar bij iedere emotionele tegenslag verviel ik weer in mijn oude gedrag.

Ik besloot mijn rookgedrag bewust te observeren, heel uitdrukkelijk zonder de intentie er iets aan te willen veranderen. Ik bestudeerde op welke momenten ik een sigaret opstak, inventariseerde waar ik op die momenten feitelijk naar verlangde en maakte daar aantekeningen van. Ik beschreef ook de genoegens die het roken mij verschafte en ging na of het roken van de sigaret daadwerkelijk mijn verlangens bevredigde.

Zo ontdekte ik dat ik vooral rookte op die momenten dat ik verlangde naar een moment voor mijzelf, een moment van rust. Als een soort kleine beloning. Ik bemerkte echter ook dat ik van het roken niet rustig maar juist onrustig werd. Ondertussen rookte ik gewoon door. Na drie maanden mijn eigen rookgedrag, zonder het te willen veranderen, bij vol bewustzijn te hebben waargenomen, kon ik niet meer roken. Mijn lichaam stopte er zelf mee en is er ook nooit meer mee begonnen.

Maar nu ben ik toch even de draad kwijt. Ik was bezig te vertellen over mijn experimenten met het waarnemen van een toekomst die allang bestaat, met gebeurtenissen en beslissingen die zich als vanzelf aan mij voordoen. Nu lijkt het er echter op dat als ik mijzelf laat gaan en mijzelf tegelijkertijd bewust waarneem, ik dan beter ga functioneren.

Met andere woorden, als ik de toekomst niet probeer te besturen maar er vanuit ga dat ze er gewoon is, dan verandert ze in de gewenste richting. Als ik de toekomst kan veranderen door haar aan zichzelf over te laten, is ze dus toch beïnvloedbaar?

Ik was inmiddels bijna veertig jaar oud en zat midden in mijn 'midlife crisis'. En ook theoretisch liep ik nu volkomen vast. Door er vanuit te gaan dat de toekomst al bestaat, leek ze te veranderen.

Omdat ik niet gemakkelijk toegeef dat ik geen gelijk heb, bedacht ik maar dat deze zichtbare veranderingen kennelijk ook waren voorbestemd. Tenslotte had ik ze niet zelf gekozen en zeker niet bewust gecreëerd.

Het was net in die tijd dat ik hoorde dat er door een Amerikaan[5] een cursus creëer je eigen werkelijkheid gegeven werd. Het ging over zaken als positief denken, gedachtekracht, het visualiseren van wensbeelden, zelfvertrouwen enzovoorts. Ik werd nieuwsgierig. Het kon natuurlijk niet werken, dacht ik, maar het zou wel stof opleveren voor een interessant gesprek over de vraag "Heb je nu wel of geen invloed op je eigen werkelijkheid?"

Ook al geloofde ik er niet in, ik begon toch aan die cursus. Ik wilde discussiëren en filosoferen maar die vlieger ging niet op. De trainer ging alle discussie uit de weg met de opmerking "Ik heb een techniek, als het werkt dan werkt het en als het niet werkt dan werkt het niet." Ik vond dat ik als experimenteel natuurkundige moeilijk kon weigeren om het te proberen.

Ik ben aan de slag gegaan. Tot mijn verrassing pakte het volslagen anders uit dan ik had verwacht. Ruim drie jaar had ik mij uitdrukkelijk niet bezig gehouden met het fantaseren over de toekomst. Ik had me geconcentreerd op bewust waarnemen en dus uitdrukkelijk niet op sturen. Het was alsof ik een geweldige shot energie kreeg. Het effect van positief denken en visualiseren was zo groot dat ik het niet kon miskennen.

We kregen tal van vragenlijsten en praktische oefeningen. We moesten wensen formuleren, wensbeelden ontwikkelen en negatieve gedachten opsporen en deze transformeren in positieve opvattingen. Ik ben nauwgezet aan het werk gegaan.

Vijf weken lang lag ik iedere ochtend en iedere avond voor en na het slapen wensbeelden te visualiseren. Overdag liep ik allerlei positieve zinnen uit te spreken. Tot mijn verbazing leek het er na een paar dagen al op dat het gebruik van die technieken echt invloed op het verloop van mijn leven had. En die invloed werd met de tijd steeds groter.

Toen voor mij vaststond dat visualiseren en positief denken, zelfs bij iemand die er niet in geloofde, zijn uitwerking had, was ik weer terug bij af. Ik kon er gewoon niet omheen. Ondanks het feit dat ik in Einstein's theorie aanleiding zag te denken dat het leven een soort film is en dat verleden, heden en toekomst allang vaststaan, leek het er nu toch op dat ik wel degelijk richting kon geven aan de ontwikkeling van mijn levensomstandigheden en dat ik als mens de ontwerper en creator van mijn eigen toekomst zou kunnen zijn.

Mijn visie dat de toekomst al vast zou staan, kon ik dus niet langer staande houden. Ik had weliswaar ervaren dat beslissingen ook gebeuren als je ze niet bewust neemt maar ik had ook twee wegen gevonden waarlangs de eigen toekomst wel beïnvloedbaar bleek te zijn. Ten eerste door te visualiseren en positief te denken en ten tweede door de werkelijkheid niet te sturen maar door haar te observeren, door bewust waar te nemen wat is. Waarbij de eerste doelgericht is en de tweede een natuurlijke ontplooiing van persoonlijke kwaliteiten lijkt te bewerkstelligen.

Met mijn zoektocht naar een antwoord op de vraag "Heb ik nou wel of geen invloed op de werkelijkheid?" was ik voor mijn gevoel weer net zover als toen ik zes jaar oud was en mijn moeder de ene keer zei dat het mijn schuld was en de andere keer zei dat ik er niets aan kon doen.

In welk opzicht en op welke wijze kun je je eigen werkelijkheid bewust sturen en in welk opzicht gaat dat niet? In hoeverre heb je nu wel of geen invloed op je leven en op je kansen om je eigen wensen te realiseren? De ene keer neig ik naar links dan weer naar rechts. Misschien ligt de waarheid dan toch in het midden. Waar is dan toch dat midden?

Het was in het najaar van 1989 tijdens het geven van een cursus aan startende ondernemers dat ik mij begon af te vragen of mensen misschien zijn voorbestemd hun eigen wensen te realiseren, in plaats van te zijn voorbestemd om te slagen of te falen. Daar kwam ik op omdat ik bemerkte hoezeer iedere deelnemer aan die cursus, min of meer onafhankelijk van het uitzicht op materieel succes, gehecht was aan zijn eigen idee.

Ineens bedacht ik dat de vraag "Is een mens voorbestemd of is hij vrij om zijn eigen wensen te realiseren?" misschien de verkeerde vraag is. Misschien ben je wel voorbestemd juist omdát je hier bent om je eigen wensen te realiseren. Het is niet of het één of het ander en de waarheid ligt ook niet in het midden maar het is én het één én het ander. Het voorbestemd zijn en het vermogen je eigen wensen te kunnen realiseren, zouden wel eens één en hetzelfde kunnen zijn.

Je kunt, als dit zo is, dus niet zomaar alles realiseren wat je kunt bedenken. Je bent namelijk gebonden aan je eigen wensen en dus niet zozeer vrij als wel voorbestemd om je eigen wensen te realiseren. Je eigen wensen die kies je niet, nee, die blijk je gewoon te hebben. Ik ben voorbestemd mijn wensen te realiseren en jij bent voorbestemd jouw wensen te realiseren.

De vraag "Is je leven voorbestemd of kun je in dit leven je eigen wensen realiseren?" is een paradoxale vraag. Het antwoord is tweemaal ja. Het is bijna dezelfde vraag als "Krijgt een appelboom gewoon appels of is een appelboom de creator, de schepper van appels?"

Als een tuinder duizend van die boompjes heeft staan zegt hij waarschijnlijk: "Ach doe niet zo moeilijk. Appelbomen krijgen gewoon appels." Maar als jijzelf een appelboom zou zijn, hoe zou je er dan tegenaan kijken? Je hebt net een strenge winter overleefd en een lente achter de rug met een paar keer flinke nachtvorst. De zomer was zo nu en dan erg droog maar aan het begin van de herfst heb je toch een paar schitterende appels hangen. Dan ben je toch trots op die prestatie. Je hebt er heel wat voor moeten doorstaan en voor moeten doen. Vanuit de appelboom gezien is hij dus de creator van appels.

Ieder levend organisme heeft in het geheel een eigen rol, een eigen betekenis. Iedere cel, iedere plant, elk dier en elke mens heeft een eigen bestemming en die bestemming manifesteert zich als een innerlijke aandrang, een innerlijk verlangen. Door in het verlengde van dit verlangen te scheppen, levert ieder organisme zijn bijdrage aan het voor hemzelf ondoorgrondelijke geheel.

Kijk nu eens naar jezelf. Je hebt een verlangen. Je doet je best. Je werkt er een jaar, twee jaar, misschien wel een leven lang aan en op een gegeven moment realiseer je dat verlangen. Dan ben je daar toch trots op, trots omdat het je gelukt is!

Maar gezien vanuit dat wat boven de mens staat, is de mens gewoon een levend organisme dat wensen realiseert. Hij wil voedsel, hij krijgt voedsel. Hij wil een baan, hij krijgt een baan. Hij wil een huis, een partner, een fiets en hij krijgt het. Ja, soms gaat het mis, maar dat geldt ook voor appelbomen. Niet elk bloemetje redt het en wordt een appel.

Als de condities gunstig zijn, krijgt een appelboom veel appels. Als de condities gunstig zijn, realiseert een mens zijn wensen. Zoals er voor de appelboom een natuurlijke weg bestaat van bloesem naar oogst, waarbij ieder seizoen zijn eigen optimale condities kent, zo bestaat er ook voor mensen bij het realiseren van wensen een welbepaalde weg, waarbij iedere fase zijn eigen optimale condities kent.

Als je de verschillende fases van de natuurlijke weg van wens naar werkelijkheid zou kennen en zou weten welke rol visualiseren, positief denken, bewust waarnemen en beslissen daarin op welk moment spelen, dan wordt het een stuk gemakkelijker je eigen wensen te realiseren. En dat is toch wat je wilt, zelfs als je daartoe bent voorbestemd.

We weten allemaal ongeveer hoe een creatieproces bij appelbomen verloopt. In de winter is de fruitboom kaal. De aandacht is bij het proces in de wortels. Aan het begin van de lente is hij klaar voor de sprong naar buiten. Hij gaat bloeien. Even later valt alle bloesem van de boom maar in plaats daarvan komen de bladeren.

Halverwege lente en zomer staat hij volop in blad. Dan gaan de knopjes die zijn overgebleven van de gevallen bloesem langzaam maar zeker groeien, tot de boom vol hangt met fruit. Aan het einde van de zomer, het begin van de herfst valt het fruit van de boom. Een paar weken later vallen ook de bladeren. “Als ik maar niet dood ga”, denkt de boom. Uit angst trekt hij zich terug in zijn wortels en dat is precies wat hij moet doen. Als hij nu maar rustig blijft staan en zich innerlijk voorbereidt, staat hij aan het begin van de volgende lente weer volop in bloei.

We noemen dit een natuurlijke kringloop. Het gaat om een zich voortdurend herhalend proces van winter naar lente, van zomer naar herfst en dan weer naar de winter. Het gaat maar door en het gaat maar door, totdat de boom het voor gezien houdt en er een einde komt aan zijn leven als fruitboom.

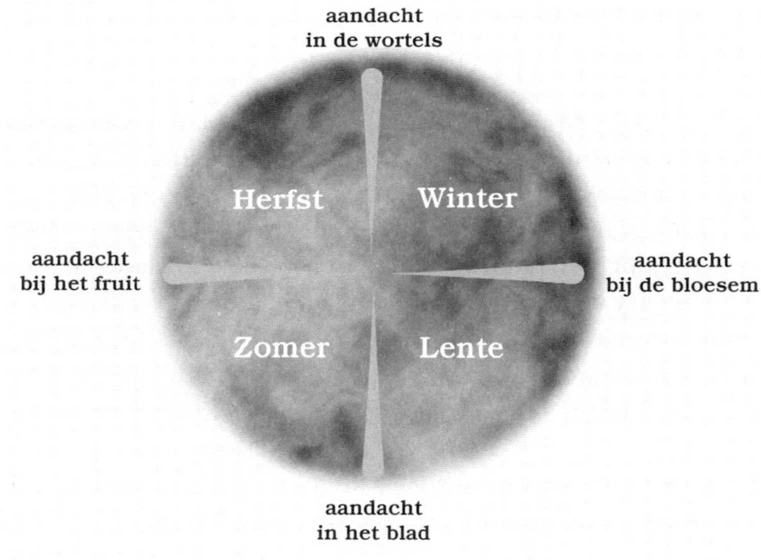

Afb. 1: De natuurlijke kringloop van de appelboom.

Wat blijkt nu, de weg van wens naar werkelijkheid lijkt als twee druppels water op de weg van bloesem naar oogst. Het is ook een kringloop. Hij kent ook vier seizoenen, een periode van naar binnen en een periode van naar buiten gericht zijn, een moment van bloei en een moment van oogst.

Dat ontdekte ik tijdens het schrijven van een cursus voor startende ondernemers. Ik probeerde alle technieken die bij het realiseren van succes een rol spelen in de juiste volgorde op een rij te krijgen. De cursus moest om organisatorische redenen bestaan uit dertien hoofdstukken. Nadat ik de eerste twaalf geschreven had, was mijn inspiratie op. Ik belde mijn compagnon en hij stelde voor van het laatste hoofdstuk dan maar een samenvatting te maken. Ik ging meteen aan het werk. Even later realiseerde ik me dat het verhaal rond was. Natuurlijk wist ik niet hoe ik verder moest, ik was weer terug bij het begin.

Zo ontdekte ik "de creatiespiraal". Mijn rij was een cirkel, een kringloop, net als bij de seizoenen, er is geen begin en geen einde. Wie de creatiespiraal ofwel de natuurlijke weg van wens naar werkelijkheid eenmaal kent, kan volop genieten van zijn idealen. Ook al zijn ze nu nog niet gerealiseerd, want je weet dat het beloftes zijn van wat gaat komen. Je gevoel van verlangen wordt een gevoel van blijde verwachting.

Zoals de appelboom zeker weet dat zijn bloesem een voorbode is van het fruit, zo weet jij zeker dat jouw wensen een voorgevoel zijn van wat jij later zult beleven.

Er is echter wel een belangrijk verschil tussen jouw gang door de creatiespiraal en de gang van een appelboom door de seizoenen. Voor zover ons bekend is de appelboom zichzelf namelijk niet bewust. Een appelboom zal dus niet om zich heen zien om te kijken wat andere fruitbomen aan het doen zijn. Zou hij dat wel doen en ontdekken dat hij midden tussen de perenbomen staat, dan zou hij wel eens op het idee kunnen komen dat hij niet normaal is. Erger nog, hij zou kunnen proberen om peren te gaan maken.

Of stel je voor: hij had ouders waar hij als jong boompje regelmatig van te horen kreeg dat je bescheiden moet zijn in dit leven en hij probeert in plaats van appels, kersen te maken. Kersen zijn per slot van rekening heel wat kleiner dan appels. Of hij heeft vrienden die hem proberen wijs te maken dat hij wel wat vrolijker zou mogen zijn en hij probeert het daarom met bananen.

Als een appelboom ergens goed in is, dan is dat in het produceren van appels. Appelbomen die proberen iets anders te maken dan appels, krijgen het bijzonder moeilijk en raken binnen de kortste keren ernstig gefrustreerd.

Probeer eens contact te maken met je eigen authentieke verlangens en weersta de verleiding om je wensen door anderen te laten beïnvloeden. Als jij namelijk ergens goed in bent dan is dat in het realiseren van datgene wat je zelf wenst. Wanneer je iets anders probeert te realiseren omdat anderen jou dat ooit aangepraat hebben, dan krijg je het moeilijk. Bovendien verspil je je tijd, want wat heb je er eigenlijk aan iets anders te realiseren dan dat wat je werkelijk wenst?

Als je echt succesvol wilt zijn, zul je moeten werken aan de realisatie van wat jij echt verlangt. En daarvoor zul je je in de eerste plaats bewust moeten worden wat je in dit leven werkelijk verlangt.

De wereld zou er wel eens heel anders uit kunnen gaan zien als wij ons individueel en gemeenschappelijk zouden bezinnen op de vraag wat we nu eigenlijk werkelijk wensen en de resultaten daarvan als uitgangspunt zouden kiezen voor ons individuele en collectieve handelen. Wie, als individu of als groep, niet weet wat hij werkelijk wenst, is zijn bestemming kwijt, is stuurloos en op weg naar nergens.

Hoofdstuk 2

Wensen zijn voorgevoelens

Wat heb je nodig om je wensen te kunnen realiseren? Wel, wat je in ieder geval nodig hebt is een wens. Een eigen wens, een wens die je ergens in jezelf gevonden hebt. Neem voor het vervolg van dit verhaal een wens in gedachten. Dat kan zowel een grote als een kleine wens zijn. Een wens waar je wellicht jaren aan zult moeten werken of één die zich zomaar ineens zou kunnen realiseren. Een hebbedingetje of een levenswens. Iets materieels of iets immaterieels. Iets zakelijks of iets intiems. Als het maar een wens is waar je enige hartstocht bij voelt en waar je echt iets voor over hebt.

Houd je niet bezig met wat je allemaal niet (meer) wenst. Een belangrijke spelregel op weg naar succes is dat je je bij het denken en praten over je wensen beperkt tot het benoemen van wat je wél wenst.

Als het niet zo goed gaat met mensen, hebben ze nogal eens de neiging om zich niet zozeer uit te laten over wat ze wensen maar vooral over wat ze allemaal niet meer wensen. “Ik wens een andere functie, want ik wil dit niet meer en dat niet meer. Ik wil dat je anders met me omgaat, want ik wil dit niet meer en dat niet meer. Ik wil een andere werkgever, ik wil een andere woning, ik wil een andere relatie.”

Je moet maar eens opletten. Mensen die het vaak hebben over wat ze allemaal niet meer wensen, blijken in de praktijk meestal langdurig in diezelfde ongewenste situatie te blijven hangen.

Bezig zijn met wat je allemaal niet meer wenst kan zelfs levensgevaarlijk zijn. Stel je maar eens voor, je zit naast een chauffeur en je hoort hem tijdens het inhalen van een vrachtwagen in zichzelf mompelen over alle mogelijke rampen die er tijdens die manoeuvre zouden kunnen gebeuren. Dan stap je toch uit en zoek je een andere chauffeur.

Je wordt tijdens het inhalen geacht niet te fantaseren over een mogelijke crash. Ook niet voor en na het inhalen en liever ook niet thuis op de bank. Fantaseren over een crash is vragen om moeilijkheden. Dat voelt iedereen vanzelf wel aan.

Het fantaseren over je ontslag, het mislukken van een project of je huwelijk is allemaal precies even gevaarlijk. Met dien verstande dat je er waarschijnlijk niet dood aan gaat en dat als je dus per se wilt experimenteren, je het beter met zoiets kunt doen dan met een verkeersongeluk.

Door te denken, te fantaseren en te praten over wat je niet wenst, begin je een negatief creatieproces en dat is toch wel het laatste wat je wenst.

Kom nooit ergens binnen en zeg “ik wil geen ruzie”. Dat is vragen om moeilijkheden. Maak er een gewoonte van om altijd en overal aan mensen te vertellen wat je wenst in plaats van te vertellen wat je niet wenst. Vraag ook aan hen wat zij wensen, met name als ze je vertellen wat ze niet meer wensen.

Wees alert. Zeg liever “Ik vind het fijn als je bij me blijft.” dan “Ik wil niet dat je gaat.” Zeg liever “Ik wil genieten van de frisse lucht hier.” dan dat je zegt “Ik wil dat jullie niet meer roken.” Zeg liever “Ik wens zelfstandigheid.” dan “Ik wens onafhankelijk van jou te zijn.”

Zolang jij nog zegt wat je niet wenst, ben je niet duidelijk over wat je wel wenst en kan de ander dat zelf invullen, met alle risico’s van dien. “Ik wil niet dat je links afslaat.” kan betekenen “Ik wil dat je rechtdoor gaat of ik wil dat je hier stopt.” Het is gewoon niet duidelijk. “Ik wil dat je niet rookt.” kan betekenen “Ik wil zelf frisse lucht.”, maar kan ook betekenen “Ik wil dat je beter op je gezondheid let.”

Onderlinge communicatie zou zoveel helderder en gemakkelijker verlopen als mensen zichzelf en elkaar er toe zouden zetten te spreken over wat ze wel wensen. Het kan altijd want alles wat je niet wenst, verhult iets wat je wel wenst.

Formuleer je wensen altijd positief, zeg wat je wel wenst en begin zodoende aan een positief creatieproces. De volgende stap komt dan eigenlijk vanzelf. Als je bezig bent met wat je wel wenst, maak je min of meer automatisch beelden van een werkelijkheid waarin datgene wat jij wenst al gerealiseerd is.

Ieder mens heeft het creatieve ofwel scheppende vermogen om in zijn geest een virtuele werkelijkheid, een werkelijkheid die nog niet is, te creëren. Dat vermogen is misschien wel onze tijdmachine. Wij sluiten onze ogen en creëren ergens in de toekomst een werkelijkheid zoals wij die verlangen. We komen terug naar het heden, openen de ogen en gaan op weg naar de toekomst die wij zojuist gecreëerd hebben.

Je hoeft een puber niet te vertellen dat het fantaseren over hoe het zou zijn als ...., een uitstekende voorbereiding is op het krijgen van een intieme relatie. Dat proces verloopt helemaal vanzelf. Voor het verkrijgen van de ideale baan, een gewenste woonsituatie of voor het leveren van een grote sportprestatie geldt precies hetzelfde. Als je van tevoren de gewenste eindsituatie goed weet te visualiseren, bevorder je daarmee je kansen op succes. Wie geen beeld heeft van hetgeen hij wenst te bereiken, zal het waarschijnlijk ook nooit bereiken.

Ontwerp in je fantasie een door jou gewenste werkelijkheid. Doe het met een door jou zelf gekozen wens. Doe het nu. Geef je fantasie de ruimte. Maak het beeld zo helder mogelijk, gebruik al je zintuigen, zie, ruik, hoor, proef en voel de door jou gewenste toekomst. Geniet ervan, maak het aantrekkelijk. Hoe aantrekkelijker je het maakt, hoe meer dat het aantrekt.

Misschien merk je dat het niet zo gemakkelijk is als je in eerste instantie dacht. Vaak remmen wij onszelf in het fantaseren over onze idealen af, omdat we menen dat we realistisch moeten blijven, omdat we binnen de grenzen van wat hoort en mag moeten blijven. Kijk eens waar je uitkomt als je jezelf helemaal laat gaan. Creëer in je fantasie een werkelijkheid die in alle opzichten tegemoet komt aan wat jij wenst en waarin alle denkbare tegenstellingen zich met elkaar hebben verzoend. Je verdient geld door te doen waar je zelf zin in hebt. Je ontvangt en geniet liefde terwijl je helemaal jezelf bent en ook de klimatologische omstandigheden zijn optimaal.

Waarschijnlijk komt op een gegeven moment toch je gezonde verstand in actie om je te vertellen dat het weliswaar heel mooi is wat je daar zoal gefantaseerd hebt maar dat het in de praktijk natuurlijk niet haalbaar is.

Je bent bang dat je wensen niet realiseerbaar zijn want je bent daarvoor al te oud, nog te jong, je hebt de verkeerde opleiding, niet de juiste ervaring, niet de juiste kwaliteiten, je hebt niet voldoende lef, je bent niet zakelijk genoeg of het ontbreekt je aan iets anders.

Misschien denk je: "Ach, het ligt niet aan mij. Ik zou het wel kunnen maar anderen herkennen mijn kwaliteiten toch niet, anderen hebben geen behoefte aan mijn inzet, anderen staan het mij niet toe, mijn partner, mijn baas, banken, overheden. Er is gewoon geen plek voor mij."

Of ben je van mening dat het niet aan jou en niet aan anderen ligt maar dat het gewoon praktisch niet kan en door het leven zelf komt? Het leven is nu eenmaal geen lolletje. Je kunt niet alles hebben in dit leven. Zo zit de wereld nu eenmaal niet in elkaar.

Mocht je op één van deze drie niveaus: jijzelf, de anderen of het leven, van mening zijn dat jouw wensen niet haalbaar zijn, dan kan ik je gerust stellen. Mensen die denken hun wensen niet te kunnen realiseren, blijken dat in de praktijk over het algemeen ook niet te kunnen.

Wie denkt dat hij iets niet kan of dat hét niet kan, blijkt uiteindelijk meestal gelijk te krijgen. Vooral intelligente mensen blijken heel goed in staat om te bewijzen dat ze zelf gelijk hebben. Wie bang is te laat te komen, gaat onbewust fouten maken waardoor hij uiteindelijk te laat komt. Wie denkt het pijltje niet in de roos te kunnen gooien, blijkt dat onder normale omstandigheden ook echt niet te kunnen.

Er zijn experimenten gedaan waarbij bleek dat als je maar lang genoeg tegen kinderen zegt dat zij niet kunnen rekenen, zij dan ook vanzelf minder goed gaan rekenen. En als je kinderen die moeite hebben met rekenen vertelt dat zij het goed doen, ze op den duur ook vanzelf beter gaan rekenen. Er is zelfs aangetoond dat als je aan een nieuwe onderwijzer vooraf valse informatie geeft over wie sterke en wie zwakke leerlingen zijn, dit doorwerkt in de leerprestaties van die leerlingen.

Wie graag heeft dat zijn wensbeelden gerealiseerd worden, kan beter geloven dat het ooit zal lukken. Als je er in gelooft, heb je in ieder geval meer kans op succes. Geloven is echter geen garantie, het bevordert slechts je kansen. Het is één van de voorwaarden waaraan je moet voldoen om uiteindelijk succesvol te kunnen zijn.

Weten wat je wenst, er een helder beeld van hebben en er in geloven zijn de eerste drie van de in het totaal twaalf voorwaarden die nodig zijn om je wensen tot vervulling te brengen.

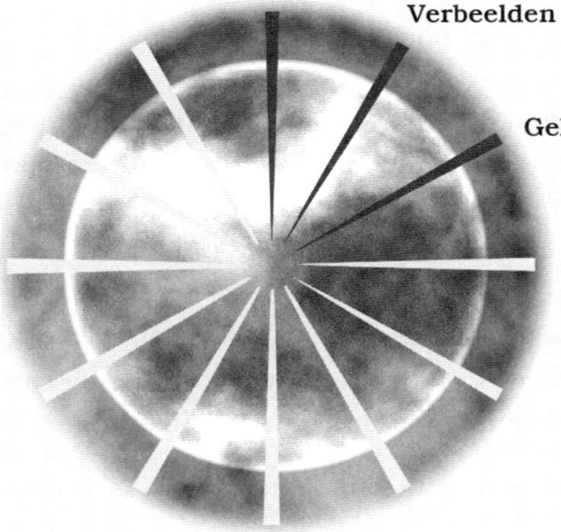

Afb. 2: De eerste drie stappen van het creatieproces.

De volgende voorwaarde is dat je je wensen uit, dat je met je verlangens naar buiten treedt. Je kunt het vergelijken met het moment waarop de appelboom tot bloei komt. Wat diep van binnen is voorbereid, wordt nu zichtbaar voor de wereld. Je komt bij je manager met een schitterend idee, bij de bank met een prachtig ondernemersplan, bij je partner met het voorstel om te gaan emigreren.

Wat gebeurt er als je met een belangrijke wens, met een nieuw idee, naar buiten komt? Dan stelt de ander natuurlijk allereerst de vraag “Geloof je het zelf?” Als jij dan antwoordt: “Nou nee, ik niet!” dan kun je het verder wel vergeten. Met andere woorden, geloven is niet één of andere magische kracht die op geheimzinnige wijze wensen realiseert. Neen, geloven is een noodzakelijke voorwaarde om met je wensen door je omgeving serieus genomen te worden.

Wie met zijn wensen naar buiten treedt voordat hij er zelf in gelooft, is als een fruitboom die tot bloei komt voordat de nachtvorst uit de lucht is. Je loopt de kans dat je omgeving je wensen bagatelliseert en neemt daarmee het risico je nog onvoldoende van binnenuit opgebouwde zelfvertrouwen weer te verliezen.

Een pas geuite wens is zo teer als bloesem. Ga er voorzichtig mee om. Kom pas met je wensen naar buiten als het vertrouwen in je eigen kansen voldoende sterk is om eventuele kritiek van je omgeving positief te kunnen verwerken.

Je hebt die ander duidelijk gemaakt dat je er zelf in gelooft, dat je er écht zelf in gelooft. Dan komt op een gegeven moment de strikvraag "En hoe denk jij dat dan te doen?" In tal van varianten maar altijd met dezelfde strekking. "Weet je al hoe jij je wensen wilt gaan realiseren?"

Probeer deze vragen niet te beantwoorden. Natuurlijk weet je dat nu nog niet. Je weet dat je het wenst, je hebt er een helder beeld van en je begint er nog maar net met anderen over te praten. Voor de realisatie van je wens heb je de hulp van die anderen nodig. Zeg liever: "Goh, dat is een bijzonder interessante vraag, heb jij misschien een idee?" En als die ander dan zegt: "Nou nee ik niet.", zeg dan gewoon: "Wat heb ik dan aan jou?!"

Je gaat op zoek naar ideeën, naar mensen, informatie en zaken die jou kunnen helpen. Het volgende stadium in het creatieproces is onderzoeken. Niet onderzoeken of je wensen haalbaar zijn, want dat geloof je op voorhand, maar onderzoeken op welke wijze en met behulp van wie en wat je wensen gerealiseerd zouden kunnen worden. En dat heet netwerken.

De kunst in dit leven is niet om alles zelf te kunnen. Een ondernemend mens is niet iemand die alles kan. Iemand die alles zelf kan en doet, wordt doodmoe. De kunst is jezelf te omringen met mensen die het kunnen. Een ondernemend mens heeft een heel netwerk van mensen om zich heen die iets voor hem kunnen betekenen. Nog beter is het als je die mensen zo hebt weten te kiezen dat jij ook iets voor hen kunt betekenen.

Een succesvol dirigent omringt zich met uitstekende muzikanten. Succesvolle muzikanten werken voor briljante dirigenten. Je woont in een huis dat gebouwd is door bekwame vaklui. Bekwame vaklui hebben behoefte aan mensen die zich hun diensten kunnen permitteren. De gemotiveerde leerling zoekt een goede leraar en de goede leraar zoekt gemotiveerde studenten. Omring jezelf met mensen die in allerlei opzichten beter en sterker zijn dan jijzelf.

Zorg voor de juiste kwaliteiten, kennis en informatie. Als je eenmaal voldoende mensen, ideeën, deskundigheid en materiaal verzameld hebt en je weet hoe je je wens kunt realiseren, dan wordt het tijd om de overgang van fantasie naar realiteit te maken.

Tot nu toe speelde het creatieproces zich af in de wereld van woord en beeld. Er is gefantaseerd, gedacht en gepraat maar er is nog niets concreets gebeurd. We hebben nu een techniek nodig die ons brengt van droom naar werkelijkheid. Van de wereld van wat zou kunnen zijn naar de wereld van wat is.

Daarvoor blijkt een hele bijzondere creatietechniek te bestaan. Hij is ontwikkeld in het westen, wordt volop gebruikt doch meestal zonder dat wij ons de magische kracht ervan bewust zijn. Deze techniek heet plannen. Plannen speelt zich af precies op de grens tussen fantasie en realiteit.

Je kunt goed zien hoe het werkt aan de hand van het volgende voorbeeld. Stel, je leert iemand kennen en je denkt: "Goh, het zou leuk zijn als wij elkaar nog eens zouden ontmoeten." Je ziet het helemaal voor je. Je spreekt die wens ook uit en de ander lijkt er net zo over te denken. Je praat nog wat met elkaar, totdat een van beiden op een gegeven moment zegt: "Ik ga er maar eens vandoor, nou tot ziens dan." Die zie je naar alle waarschijnlijkheid nooit meer terug. Had je echter inmiddels een concrete afspraak met elkaar gemaakt dan kom je er bijna niet meer onderuit. Dat wat gepland is, heeft een sterke neiging ook daadwerkelijk te gebeuren.

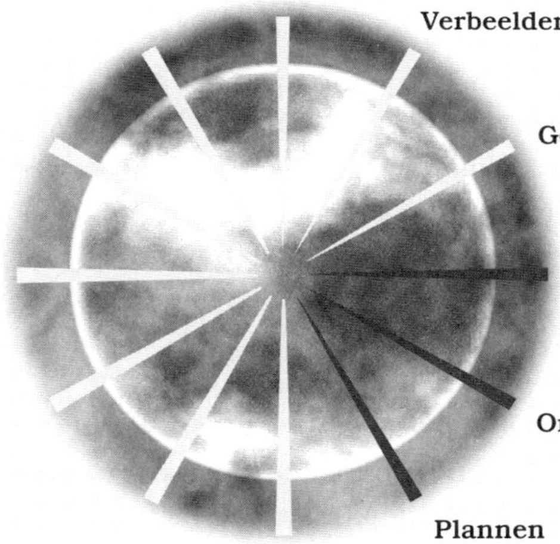

Afb. 3: De eerste zes stappen van het creatieproces.

's Ochtends kijk je in je agenda en meestal ga je gewoon doen wat er in staat. Zonder planning zou onze huidige samenleving er heel anders uitzien. Je pakt een stuk papier schrijft erop wat er zou kunnen gebeuren, je gaat er mee naar de bank, noemt het een plan. Mensen blijken zelfs bereid om elkaar op basis van zo´n plan grote sommen geld te lenen.

Net zoals geloven is ook plannen echter geen garantie voor succes, het bevordert slechts de kansen. "Planning is the dream of the white man." hoorde ik ooit een Afrikaan zeggen. Je zou je kunnen afvragen welke van beide technieken, geloven of plannen, magischer of effectiever is maar dat is eigenlijk niet belangrijk. Wat veel belangrijker is, is de volgorde waarin je ze gebruikt.

Je kunt geen goede planning maken voordat je onderzoek gedaan hebt. Je kunt je onderzoek niet doen zonder de betrokkenheid van anderen. Je kunt anderen er beter niet in betrekken voordat je er zelf in gelooft. Je kunt niet geloven als je geen beeld hebt van de situatie die je wilt realiseren. En je kunt maar beter niet gaan fantaseren voordat je jezelf hebt afgevraagd of je de realisatie van die wens wel echt wilt beleven.

Als je de verschillende creatietechnieken in de juiste volgorde gebruikt, dan gaat het realiseren van wensen bijna vanzelf. Je hebt een hartenwens. Je gaat bij de open haard zitten. Je fantaseert over een verrukkelijke toekomst en je besluit erin te geloven. Ik zal in deel II uitleggen hoe je in iets kunt gaan geloven waar je op dit moment nog niet in gelooft.

Als je geloof eenmaal sterk genoeg is, vertel je erover aan anderen. Als ze je vragen of je het zelf gelooft, zeg je volmondig ja. Mensen nemen je serieus en je verzamelt respons. Totdat je tegen de juiste mensen en een aantal goede ideeën oploopt. Je maakt een plan en voor je het weet, beslis je om ook daadwerkelijk te gaan handelen. Beslissen en handelen, de overgang van denken naar doen, zijn de twee volgende stappen in het creatieproces.

Neem een grote nieuwe wens in gedachten en vraag je af wat je moet doen om hem te realiseren. Dat weet je waarschijnlijk niet. Waar moet je beginnen als je twintig bent en je wilt minister-president worden? Je maakt het jezelf veel te moeilijk door je bij een nieuwe wens direct af te vragen wat je zult moeten ondernemen om hem te realiseren. Dat is ontmoedigend. Dat komt omdat je vijf stappen in het creatieproces over het hoofd ziet.

Beslissen is een moeilijke stap als je het verbeelden, geloven, uiten, onderzoeken en plannen overslaat. Maar als je deze stappen wel zet, dan groei je naar je beslissingen toe. Ze komen eigenlijk vanzelf.

Je handelt. Je zet alles in. Je ontdekt, gebruikt en ontwikkelt je talenten. We bevinden ons inmiddels in het actieve deel van het creatieproces. Het echte werk is begonnen. Het is zomer. Het fruit kan gaan groeien. Nu is het verder een kwestie van oefenen en blijven proberen, van werken en zweten, van aanpakken en gewoon doorgaan.

Je hebt je heel goed voorbereid maar toch blijken er in de praktijk onverwachte problemen te overwinnen. Het duurt langer dan je gedacht had. Je mist bepaalde praktische vaardigheden. Een grote opdracht gaat niet door. Er is een onverwachte financiële tegenvaller of er wordt iemand ziek.

Kortom je wordt geacht te volharden. Vallen en weer opstaan. De volgende stap in het creatieproces heet volharden en volharden staat recht tegenover geloven. Volharden is de materiële tegenhanger van geloven en geloven is de geestelijke variant van volharden. Geloven is ja zeggen tegen je eigen wensbeelden, terwijl volharden ja zeggen is tegen het werk waar je aan begonnen bent. Je zou ook kunnen zeggen "Volharden is de fase waarin je geloof op de proef wordt gesteld."

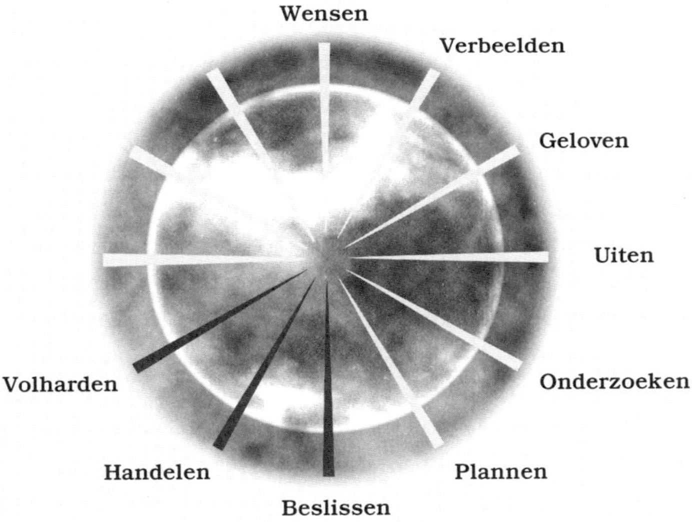

Afb. 4: De eerste negen stappen van het creatieproces.

Je kunt moeilijk volharden zonder geloof. Stel je eens voor: Je bent met een project bezig en je verliest halverwege het vertrouwen in een goede afloop. Hoe ga je dan verder? Ga je er nog wel mee verder? Gesteld dat het een project van je baas is en dat jij er, ook al geloof je er niet meer in, omwille van je inkomen gewoon mee doorgaat. Denk je dat je dan nog zult genieten van je werk? Het is vreselijk te moeten werken aan een zaak waar je niet meer in gelooft.

Volharden, terwijl je rotsvast gelooft in een goede afloop, kan zwaar en moeilijk zijn maar het geeft ook een kick. Stel, je bent halverwege de marathon. Je spieren doen pijn, je bent doodmoe. Maar je voelt ook dat je het gaat maken. Je lichaam maakt opiaten aan. Je boort nieuwe energie aan en je gaat door.

Het is verrukkelijk hard te werken voor iets waar je in gelooft, aan een doel waar je je echt mee verbonden voelt. Je helemaal te geven en er helemaal in opgaan is een waar genoegen. Of zoals mijn grootvader het vroeger uitdrukte: "Mensen die graag op vakantie gaan, doen gewoon het verkeerde werk." Als je elf maanden per jaar uitziet naar die ene maand dat je vrij bent, is er iets mis met het werk dat je doet of met de manier waarop je dat werk doet. Volharden is lekker, het kan zelfs verslaven. Maar ook een periode van rust is, zoals we straks nog zullen zien, een wezenlijk onderdeel van ieder creatieproces.

Zoals volharden tegenover geloven staat, zo staat handelen tegenover verbeelden. Handelen is de arbeid die in de materie verzet moet worden, verbeelden de arbeid die in de geest moet worden verricht. Handelen is de arbeid van de aannemer, verbeelden de arbeid van de architect.

Het huis waarin je thans woont, is een coproductie van een architect en een aannemer. Beiden hebben een eigen bijdrage geleverd aan de kwaliteit van jouw woning. De één herken je in de ruimteindeling en in de vormgeving, de ander in de kwaliteit van het stucwerk. Een aannemer die geen beeld heeft van wat hij gaat bouwen, kan heel veel werk verzetten, kuilen graven en stenen stapelen, zonder ooit iets zinnigs te realiseren.

De Eiffeltoren was er echt niet gekomen als hij niet eerst ontworpen was. Idealen worden alleen gerealiseerd als er eerst iemand een aantrekkelijk droombeeld van heeft gemaakt. Iedere inspirerende leider presenteert een droom. Elke succesvolle ondernemer kent zijn eigen droom maar de meeste mensen leven zonder een helder beeld van hun eigen toekomst. Zonder een duidelijk uitzicht op hun idealen. Ze werken aan hun toekomst als aannemers zonder bouwplan, ze verzetten misschien heel veel werk maar ze komen nergens.

In de jaren vijftig werd bij een onderzoek[6] onder studenten in de Verenigde Staten nagegaan of zij een ideaalbeeld van hun eigen toekomst hadden. Slechts een gering percentage van de studenten bleek over zo'n helder toekomstbeeld te beschikken. Halverwege de jaren negentig werden diezelfde studenten weer opgespoord. Toen bleek dat het kleine groepje mensen (circa 3%) dat veertig jaar eerder een duidelijk beeld van de eigen toekomst voor ogen stond, inmiddels circa 90% van het gezamenlijke inkomen van de gehele groep verdiende.

Je kunt op heel veel verschillende manieren succesvol zijn en ik wil dus ook uitdrukkelijk niet zeggen dat het bereiken van een ideaal identiek is aan het verdienen van veel geld. Maar de resultaten van dit onderzoek zijn wel een indicatie dat een duidelijk toekomstbeeld een gunstig effect heeft op het verdere verloop van je leven.

Wij zijn geneigd te vergeten dat verbeelden, net zoals handelen, een vorm van arbeid is. Verbeelden kost tijd en moeite. Het vraagt geconcentreerde aandacht. Als je niet gewend bent er tijd voor te nemen, zul je je er in het begin toe moeten zetten. Zet het in je agenda. Ga er voor zitten, concentreer je op je wensen. Ontwerp een aantal aantrekkelijke beelden, haal je ze voor de geest en maak daarmee verbeelden tot aangename arbeid.

Na volharden volgt nu de moeilijkste van alle stappen. De eerste negen (wensen, verbeelden, geloven, uiten, onderzoeken, plannen, beslissen, handelen en volharden) waren min of meer vanzelfsprekend. De tiende is dat ook maar veel mensen hebben er de grootst mogelijke moeite mee. Daarom neem ik je eerst even mee in een verhaal. Een verhaal om wat moed en energie op te doen voordat we deze hindernis op weg naar succes echt te lijf gaan.

Er was eens een man. Een man met een heel grote wens. Hij wenste behalve iets voor zich zelf, iets voor de wereld om hem heen. Hij was eigenlijk meer wat je noemt een idealist. Hij had een schitterend beeld van een nieuwe wereld, een rechtvaardige samenleving met een open communicatie, gelijke rechten en vreedzame samenwerking. Een wereld vol liefde, vrede en harmonie.

Hij geloofde heilig dat het ooit zo ver zou komen. En zoals alle mensen met een ideaal waarin ze geloven, kon ook hij niet anders dan er met iedereen die hij ontmoette over spreken. Dan zeiden de mensen: "Ach hou toch op, kijk toch om je heen, dat kan toch helemaal niet. Mensen zijn egoïstisch, materialistisch, en de wereld is liefdeloos." Keer op keer reageerde hij door te zeggen: "Ik geloof er wel in, ik weet zeker dat mijn wens zal uitkomen."

Geloof is op den duur besmettelijk!

Als jij maar blijft zeggen dat je erin gelooft, gaan de anderen je in ieder geval steeds serieuzer nemen. Op zijn minst zullen ze zeggen: "Hij gelooft het in ieder geval zelf!"

Als jij jarenlang met overtuiging beweert dat je ooit in je eentje een bootreis rond de wereld gaat maken en je houdt dat vol, dan zul je op den duur van vrienden en kennissen steeds vaker boeken en tips krijgen over hoe je zoiets moet doen. Mensen om je heen zullen relevante informatie die ze tegenkomen aan je doorgeven. Als je dan op je vijfenzestigste verjaardag nog steeds geen reis gemaakt hebt, houden ze wellicht een inzameling. Je komt thuis en er staat een boot voor de deur. Dan moet je wel.

Ik vertelde ooit vol vuur aan een vriend dat ik een café wilde beginnen. Ik beschreef de sfeer, de inrichting en de dansavonden die ik er zou organiseren. Twee maanden later belde hij mij op met de mededeling dat hij een café voor me gekocht had. Ik had het er wel even moeilijk mee, maar ik wilde me niet laten kennen en zei ja, met als gevolg dat ik twee jaar lang cafébaas was.

Als jij je wens met geloof uit, gaan anderen onwillekeurig bijdragen aan de realisatie ervan. Ze verzamelen informatie, gaan voor je netwerken of doen je het gewenste misschien zelfs cadeau.

Als jij maar blijft geloven, gaan anderen er onwillekeurig ook meer en meer in geloven. Geloven besmet. Zo ook in het geval van onze idealist. Hij stond op straten en pleinen, kreeg meer en meer aanhangers en werd steeds populairder. De mensen dachten "Als hij het gelooft, misschien kan het dan wel, het zou natuurlijk prachtig zijn als het zou lukken."

Nu waren er in dat land ook een paar mensen die zich realiseerden dat deze man, van hun perspectief uit gezien, gevaarlijk was. Ze besloten hem zo snel mogelijk uit te schakelen, misschien zelfs te doden, in ieder geval minstens op te sluiten. Zo kwam hij in de gevangenis terecht.

Enige jaren later was een journalist op zoek naar een ramp voor op de voorpagina van zijn krant. Het ging hem niet goed want hij had al een paar dagen geen slecht nieuws bemachtigd. Zeg nou zelf, wat is een journalist zonder ellende. Totdat hij zich de gevangen genomen idealist herinnerde en bedacht dat een interview met deze man wellicht de behoefte aan de dagelijkse portie ellende van zijn lezers zou kunnen bevredigen.

Hij bezocht hem in de gevangenis. Op zijn eerste vraag hoe het de man verging kreeg hij het verbazingwekkende antwoord "Het gaat me uitstekend, dank u." "Dat begrijp ik niet." antwoordde de journalist. En de idealist zei: "Allereerst weet ik precies wat ik wens. Ik heb er een helder beeld van en ik geloof dat het ooit zover zal komen. Ik heb mijn wens volop geuit en weet je wat er gebeurd is? Ze hebben me zo serieus genomen dat ik zomaar vier stappen (onderzoeken, plannen, beslissen en handelen) mag overslaan en in één keer in het volharden ben aangeland."

De journalist had moeite om de man serieus te blijven nemen. Hij vond dat de idealist wel een erg positieve visie op zijn situatie had maar omwille van zijn uitzichtloze positie als gevangene wilde hij hem niet ontmoedigen. Het was tenslotte het laatste houvast dat de man nog had.

Uit pure nieuwsgierigheid besloot hij de gevangene na een jaar of tien nogmaals te bezoeken. Vooral om na te gaan of hij inmiddels tot enig realiteitsbesef was gekomen. Ook dit keer echter gaf hij te kennen dat het hem goed ging. "Ik weet nog altijd heel goed wat mijn wens is, heb er nog steeds een helder beeld van en geloof ook nog steeds dat het ooit zal zijn. Ik uit me nog regelmatig, zoals ook nu weer. We zijn inmiddels tien jaar verder en naderen steeds dichter het succes."

Uiteindelijk zat Nelson Mandela zevenentwintig jaar in de gevangenis.

Ik wil niet zeggen dat geloven altijd werkt. Maar vraag je eens af wat er gebeurd zou zijn als Mandela zijn geloof in de loop van die tijd verloren zou hebben? Hij zou emotioneel, fysiek en mentaal gebroken zijn geweest. En hij zou ook zeker niet in staat zijn geweest om nu, op tachtigjarige leeftijd, met kracht en zonder wrok, leiding te geven aan een samenleving die een moeilijke tijd en een zware cultuuromslag doormaakt.

Nelson Mandela wekt met zijn geloof, volharding en vergevingsgezindheid bijzonder veel respect. Zo veel, dat ik mij wel eens afvraag of ik hem in mijn verhaal over de ontdekking van de creatiespiraal zomaar als voorbeeld mag gebruiken. Ik vermoed echter dat hij zich in het inzicht, dat onze wensen voorgevoelens zijn, zal kunnen herkennen.

Bij zijn inaugurele rede voor het presidentschap in 1994 citeerde hij Marianne Wiliamson[1] : "Onze grootste angst is niet dat we onvolmaakt zijn. Onze grootste angst is dat we mateloos krachtig zijn. Het is ons licht, niet onze schaduw, die ons het meest beangstigt. We vragen onszelf: 'Wie ben ik om briljant, prachtig, talentvol en fantastisch te zijn?' Maar wie ben jij eigenlijk om dat niet te zijn?"

De creatiespiraal is geen handig trucje om snel even succes te boeken. Het is de routebeschrijving van een natuurlijk creatieproces en creatieprocessen vergen tijd. De realisatie van een grote levensvervullende wens zoals die van Mandela kan een heel leven in beslag nemen.

Ik wil je echter ook niet ontmoedigen. Je hebt behalve een grote levenswens waarschijnlijk ook vele minder omvangrijke en minder wezenlijke wensen. In de praktijk blijkt dat, als je de creatiespiraal gebruikt, het realiseren van die wensen vaak verrassend veel sneller gaat dan je vooraf voor mogelijk hield.

Hoeveel tijd de realisatie van een wens in beslag neemt, hangt niet alleen van de omvang van die wens af maar vooral van het antwoord op de vraag hoe wezenlijk die wens in jouw leven is. Mandela had een groot ideaal waar veel andere mensen bij betrokken waren. Waarschijnlijk heb jij voor de realisatie van jouw wensen de instemming van wat minder dan twintig miljoen mensen nodig. Toch zal uiteindelijk ook de realisatie van jouw grootste wens een levenvullende opdracht blijken.

Er komt echter altijd een moment waarop je het gewenste gewoon krijgt. Als je de voorafgaande stappen consequent gevolgd hebt, is succes onvermijdelijk. Het einde van de zomer nadert. Het wordt tijd voor de oogst. We zijn toe aan een volgende stap in het creatieproces: ontvangen.

Ontvangen is voor veel mensen de moeilijkste stap in het hele scheppingsproces. Verlangen naar nieuw succes gaat ons meestal beter af dan genieten van behaald succes. Het begint er al mee dat het moeilijk is om je succes te herkennen, je ervan bewust te zijn dat je het eerder gewenste thans beleeft. Vervolgens is het vaak eng om het als een geschenk ook daadwerkelijk en van harte te ontvangen. De kunst van het ontvangen is te kunnen genieten wanneer je krijgt waar je in een eerder stadium zo naar verlangd hebt.

We verlangen ernaar iets te betekenen voor onze medemensen en we verlangen ernaar daar om gewaardeerd te worden. Wat we voor anderen willen betekenen, verschilt van individu tot individu, en de wijze waarop we gewaardeerd willen worden, kan ook heel verschillend zijn. Maar het verlangen naar waardering op zichzelf kent iedereen.

Toch zijn er maar weinig mensen in staat echt te genieten van de complimenten die ze krijgen. Meestal bagatelliseren we ze direct. Zo van “Ach, het was maar een kleinigheid, het stelde niet zo veel voor, het kan eigenlijk veel beter, dat heb ik al jaren, dat was een koopje.” Of we geven onmiddellijk iets terug. “Ja, jij hebt ook een leuke jas aan, ik vond jou ook erg goed.” of “Ja, ik hou ook van jou.”

Geef niet meteen iets terug als je een compliment krijgt en bagatelliseer het niet maar blijf rustig, ontvang en geniet en kijk wat er gebeurt.

Artiesten hebben nogal eens moeite met het ontvangen van applaus. Ze hebben de neiging om weg te lopen als de ovatie komt. De toeschouwers vinden het prettig om hun waardering te kunnen uitdrukken en het is dus voor de artiest van belang dat ook te kunnen ontvangen. Ze doen tijdens hun opleiding dan ook oefeningen in het ontvangen van applaus.

Net als met je verjaardag. De gasten zingen voor jou. Lang zul je leven, lang zul je leven! En jij maar hopen dat ze er snel mee ophouden. Soms gaat de jarige zelf meezingen, mee-uiten in plaats van ontvangen. De anderen uiten hun waardering voor jou. Het is juist de bedoeling dat jij ontvangt, niet dat je meeuit.

Je ziet het ook wel eens op de televisie. Mensen winnen onverwacht een prijs, de zaal begint te klappen en de winnaar begint mee te klappen. Dat komt niet omdat hij trots is op zichzelf maar omdat hij zich geen raad weet met het feit dat er eindelijk gebeurt waar hij zo naar verlangde. Hij staat in het middelpunt van de belangstelling. Beken je verlangen naar waardering door er openlijk van te genieten als je haar krijgt en ontdek dat je er zodoende steeds meer van krijgt.

Als een man een vrouw aanspreekt en haar vertelt hoe mooi hij haar vindt en zij reageert met "Wat moet je van me", dan stopt hij er waarschijnlijk mee. Anders respecteert hij haar grenzen niet. Reageert ze echter door het compliment te ontvangen en er zichtbaar van te genieten, dan gaat hij waarschijnlijk nog even door en voegt hij er nog een aantal complimenten aan toe. Hoe meer zij er ontvangt en hoe meer zij ervan geniet, hoe mooier ze wordt. Want mooi zijn is subjectief en is niets anders dan de expressie van innerlijk vertrouwen in eigen schoonheid.

Je groeit door complimenten te ontvangen. We zagen al eerder dat hoe meer positieve feedback kinderen ontvangen voor hun rekenprestaties, hoe beter ze gaan rekenen. Hoe vreugdevoller een artiest het applaus weet te ontvangen, hoe meer hij door zijn publiek gewaardeerd wordt. Hoe meer je geniet van de complimenten over je uiterlijk, hoe beter je er uit gaat zien. Hoe meer waardering jij ontvangt over de manier waarop je werkt, des te beter jij je werk zult doen.

Ontvangen van waardering is dus niet alleen eigenbelang, je gaat er beter door functioneren en dat is niet alleen plezierig voor jou maar ook voor je omgeving. Als je het arrogant vindt een compliment voor jezelf te ontvangen, realiseer je dan eens dat jij jezelf niet gemaakt hebt en ontvang ze namens degene die (of datgene wat) jou gecreëerd heeft. Ontvang de complimenten en geef ze door.

Een kat laat zien hoe je met succes kunt ontvangen. Als je hem streelt en hij vindt het prettig, dan maakt hij een geluid waaraan je kunt merken dat hij het inderdaad lekker vindt. Dat stimuleert jou, de gever, om door te gaan met strelen.

Als jij je vriend streelt en hij spreekt een formeel "Dank je wel." dan stop je er waarschijnlijk mee. Maar als hij er zachtjes bij begint te kreunen, ga je er waarschijnlijk mee door. Met andere woorden, als je graag gestreeld wordt, oefen dan in kreunen. Wie graag krijgt, moet oefenen in ontvangen.

Zeg dus nooit: "Dat had je nou niet moeten doen." Als jij afwerende opmerkingen en gebaren maakt op het moment dat je iets krijgt, ontmoedig je de ander om jou te geven en krijg je dus op den duur steeds minder. Ik zei vroeger altijd: "Ach ik hoef niets voor mijn verjaardag." Dat werkte op den duur. Het heeft me jaren gekost dat patroon weer te herstellen.

Mensen beklagen zich nogal eens over het feit dat ze zo weinig waardering krijgen van kennissen en collegae, van superieuren of ondergeschikten. Mijn ervaring is dat mensen die in het dagelijks leven weinig waardering krijgen, over het algemeen zelf veel moeite hebben met ontvangen.

Wie uitstraalt graag iets te krijgen, krijgt over het algemeen meer dan wie uitstraalt niet veel te hoeven. Dat geldt niet alleen voor individuen maar ook voor bedrijven en organisaties.

Stel je voor, je hebt een goede vriendin en je wilt haar als blijk van waardering iets cadeau doen. Je denkt aan een doos bonbons. Nu heb je toevallig net in de consumentengids gelezen dat de prijs-kwaliteitverhouding van de bonbons bij de Hema erg goed is. Je overweegt dus om ze bij de Hema te halen. Maar ja, als je ze daar koopt, zitten ze in een doosje waar de prijs op voorgedrukt is en als je vraagt of ze het willen inpakken doen ze het in een plastic zakje. Waarschijnlijk haal je ze toch maar liever bij de Bonbonnerie. Ze zijn daar weliswaar veel duurder, maar ze zitten in een gouden doosje met een zilveren strikje en ze verpakken het in een schitterend papiertje.

Je komt bij je vriendin. Je geeft haar de luxe doos bonbons en zegt daarmee eigenlijk "Kijk eens, ik heb ze duur betaald." Je had ze dus net zo goed bij de Hema kunnen kopen en er een briefje van vijfentwintig gulden bij kunnen doen. Maar dat heb ik nog nooit iemand zien doen.

Wat gebeurt daar eigenlijk? Er vindt een soort ritueel plaats. Je laat aan je vriendin zien dat je een financieel offer gebracht hebt om daarmee je respect en waardering voor haar uit te drukken. De vraag is nu "Waar is het financiële offer gebleven?"

Het financiële offer is niet naar je vriendin. Die heeft alleen maar een doos duur betaalde bonbons gekregen. Het financiële offer is naar de Bonbonnerie. Daar staat namelijk in gouden krulletters op het raam geschilderd "Als u graag iets weg wilt geven, wij ontvangen het met alle plezier." En bij de Hema staat op de winkelruit "Als je niets kwijt wilt, kun je hier terecht."

Het personeel van de Hema lijkt erop geselecteerd en gekleed te worden om uit te stralen "Ik hoef niet veel." Mijn moeder heeft er overigens jaren met veel plezier gewerkt. Terwijl het personeel bij de Bonbonnerie erbij loopt alsof ze zo direct naar het bal gaan. Ze zien eruit alsof ze graag iets krijgen. Als je in een vrijgevige stemming bent, ga je naar de Bonbonnerie en als je niet veel kwijt wilt, ga je naar de Hema.

Als jij wilt dat mensen naar jou toekomen wanneer ze in een vrijgevige stemming zijn, straal dan uit dat je graag wat krijgt en laat duidelijk merken dat je ervan geniet en je zult steeds meer krijgen. Of het nu gaat om complimenten, om liefde of om geld, wij geven bij voorkeur aan wie van harte ontvangt en geniet van wat hij krijgt.

Ontvang van harte alle liefde, waardering en geschenken die je krijgt. Vraag je niet af of die ander het wel meent. Want zelfs als die ander het niet meent, kun jij het gewoon ontvangen. Binnen is binnen. Op zijn hoogst staat die ander voor gek. Jij in ieder geval niet. Vergeet niet dat je groeit van ieder compliment.

Vraag je niet af wat je terug moet geven. Ontvangen wat je krijgt, verplicht je tot niets, zelfs niet tot een woord van dank. Als je de gever wilt plezieren, laat dan merken dat je geniet van wat je van hem hebt gekregen. Juist daarmee verschaf je hem het grootst mogelijke genoegen en zodoende zal hij het prettig vinden je vaker iets te schenken.

Vraag je ook niet af waar je het aan verdiend hebt. Als je tegen een roos zegt hoe mooi ze wel niet is, hoeft ze zich toch ook niet te verantwoorden voor de moeite die ze er voor gedaan heeft. Je bent gewoon de complimenten, liefde en geschenken waard omdat je bent wie je bent, precies zoals je bent.

Zorg ervoor dat je zoveel mogelijk krijgt en krijgt en krijgt. En als je vindt dat dit wel erg egoïstisch is, of je hebt gewoon genoeg, deel het dan uit, geef het weer weg maar geef het niet terug. Geef het door. Laat geld rollen en liefde stromen. Je hoeft niet bang te zijn voor een tekort. In het vertrouwen dat je uiteindelijk altijd krijgt wat je wenst, kun je ook geven wat je wenst te geven. Ontvang en geniet. Wees rijk en geef. Wees dus koninklijk rijk, wees royaal.

Na ontvangen en waarderen is ontspannen de eerstvolgende (en ook laatste) stap in het creatieproces. Drie stappen die samen bijzonder weinig aandacht krijgen in de westerse cultuur.

Wie geoogst en genoten heeft, kan langzaam tot rust komen. Het is herfst in het creatieproces. Een tijd van bezinning en inkeer, van waarderen en op waarde schatten, van voelen hoe het voelt en contact maken met het niets of het al in jezelf. In de stilte verkeren bij het viswater of de open haard, in de meditatieruimte, kerk of tempel. Het aardse loslaten. Alleen met jezelf in je innerlijk universum, terug in je eigen wortels. Een sfeer zoals die soms vanzelf ontstaat in de periode tussen Kerst en Nieuwjaar.

En dan komen de nieuwe wensen. Als je lang genoeg in jezelf verblijft, komen er nieuwe verlangens bij je boven en ontdek je, op een wat dieper niveau, wat jij in dit leven werkelijk wenst. Houd die wens nog even geheim. Ontwikkel in jezelf eerst een beeld. Als je vertrouwd bent met dat beeld besluit er dan in te geloven. Je zegt "Amen, het zei zo." Pas dan kom je ermee naar buiten en ga je op zoek naar mensen en dingen die je kunnen helpen bij de realisatie ervan en het hele creatieproces begint weer van voren af aan. Het is opnieuw lente.

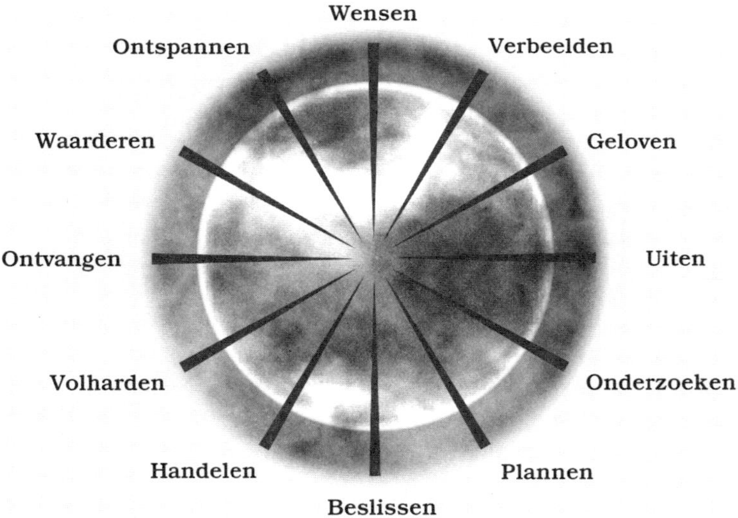

Afb. 5: De creatiespiraal.

Hoofdstuk 3

De creatiespiraal in beeld

Naarmate ik langer met de creatiespiraal werk, geeft zij steeds meer van haar geheimen prijs. Ze is rijk aan symmetrie en paradoxen en blijkt in haar heelheid in verrassende harmonie met veel oude wijsheden en religieuze inzichten.

- Zo splitst de horizontale lijn de spiraal in een binnen- en een buitenwereld: is uiten de weg van binnen naar buiten en ontvangen de weg weer terug naar binnen.
- Zo is er een zijde van wilskracht en een zijde van overgave: volharden voert je van wilskracht naar overgave en door te geloven maak je weer contact met wilskracht.
- En schepper tegenover schepsel zijn: verbeelden maakt je tot schepper en handelen maakt je weer tot schepsel.
- De verticale lijn splitst het creatieproces in een bezig zijn met de toekomst en een leven in het heden: verlangens brengen je aandacht van het heden naar de toekomst, beslissingen brengen je aandacht weer terug naar het heden.
- Een fase van fantasie versus een fase van realiteit: plannen helpt je van fantasie naar realiteit, ontspannen voert je weer terug naar de wereld van je dromen.
- Het jezelf zijn tegenover opgaan in het geheel: onderzoek leidt je naar jouw plaats in het geheel, waarderen wat is, brengt je weer bij jezelf.

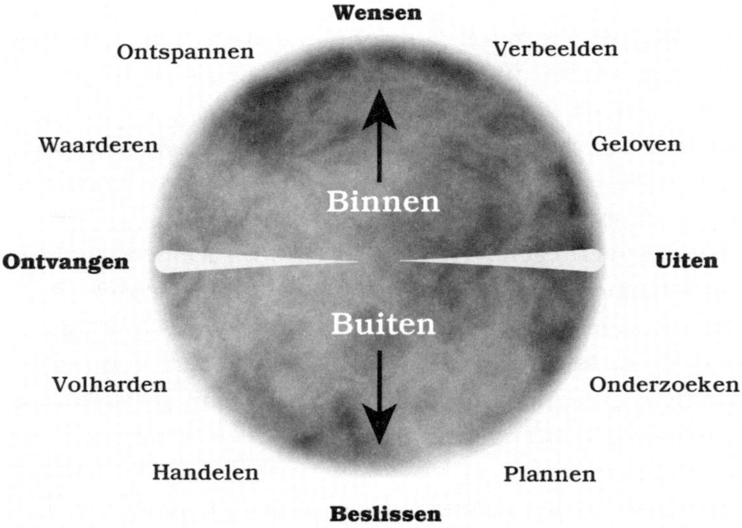

Afd. 6: Binnen tegenover buiten. De wereld van onderzoek, planning, besluitvorming en actie, in evenwicht met de wereld van waarderen, ontspannen, wensen, fantaseren en geloven.

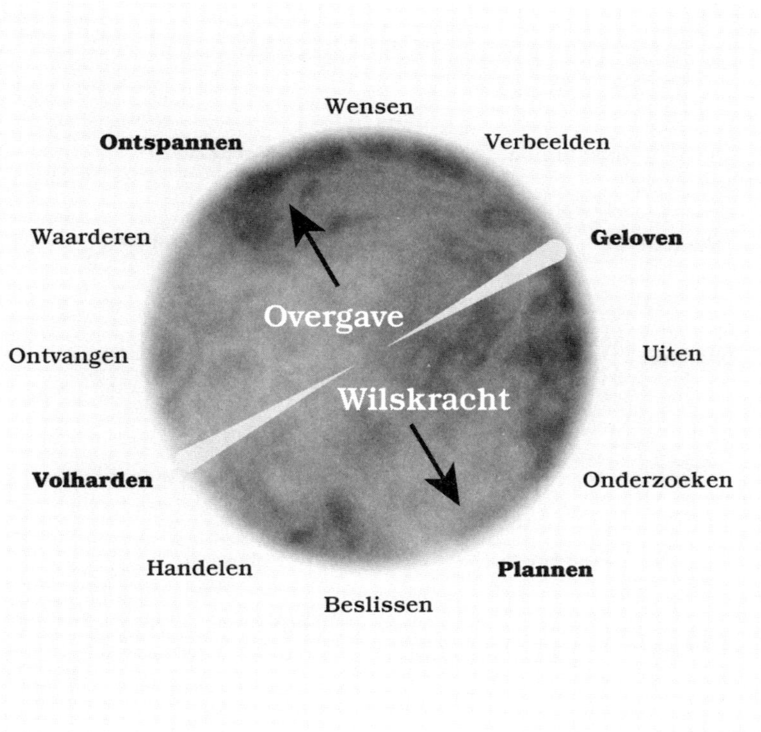

Afb. 7: Wilskracht en overgave, twee complementaire kwaliteiten die je voor het bereiken van je doelen altijd beide nodig hebt.

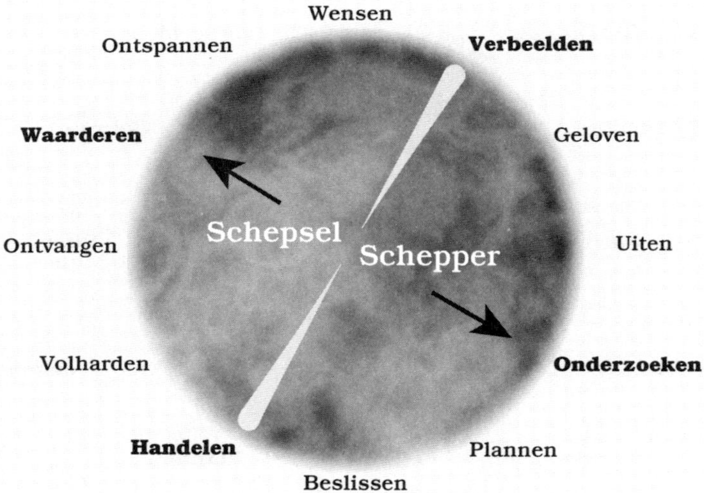

Afb. 8: De mens is zowel schepsel als schepper, zowel uitvoerder als vormgever. De schepper stuurt het schepsel en de uitvoerder voedt de vormgever.

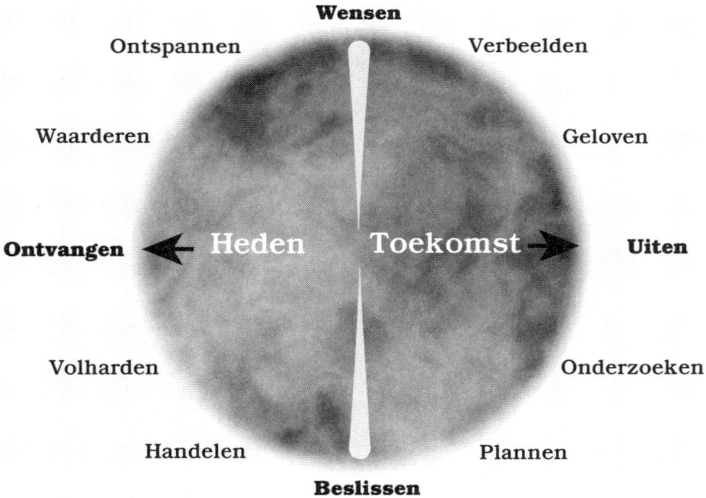

Afb. 9: Heden en toekomst. Leven in het heden betekent ook altijd leven met een beeld van de toekomst.

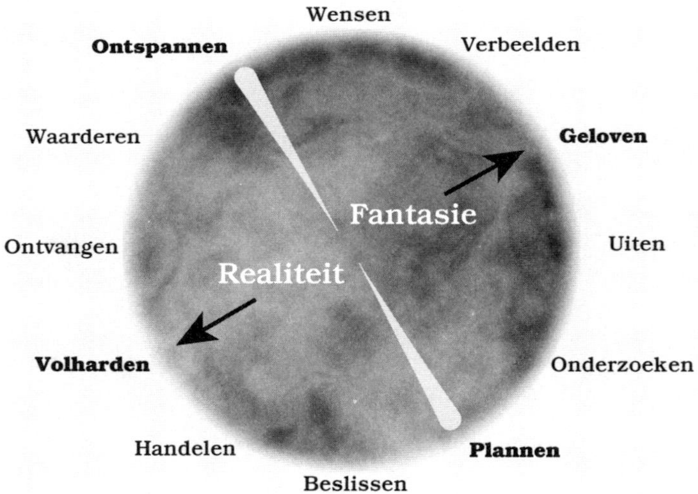

Afb. 10: De werkelijkheid bestaat uit fantasie en realiteit, beiden zijn even werkelijk, zonder elkaar kunnen ze niet bestaan.

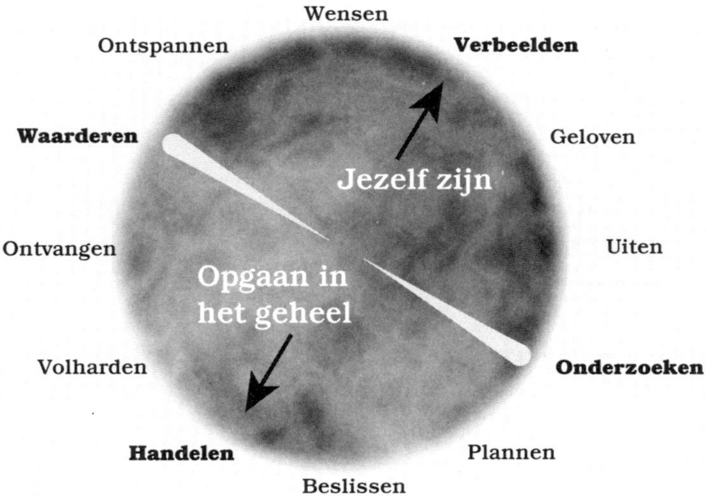

Afb. 11: Wie helemaal zichzelf is, gaat ook volkomen op in het geheel.

Er is een parallel met de zeven chakra's. Waarmee er in de twaalfpuntige spiraal ook ruimte blijkt voor het heilige getal 'zeven'.

Beslissen staat op de plaats van het eerste, het onderste en meest aardse chakra. Met een besluit zet je de zaak op aarde.

Plannen en handelen, het in beweging brengen en het in beweging zijn, staan ter hoogte van het tweede, het sekschakra.

Onderzoeken en volharden, verwerken van informatie en doorzettingsvermogen staan ter hoogte van het derde, het maagchakra.

Uiten en ontvangen staan ter hoogte van het vierde, het hartchakra, met hartstocht openbaren en van harte ontvangen.

Geloven en waarderen, het woord en zoals in deel twee zal blijken het geluid staan ter hoogte van het vijfde, het keelchakra.

Verbeelden en ontspannen staan ter hoogte van het derde oog, het zesde ofwel het voorhoofdchakra.

Wensen tenslotte staat op de plaats van het zevende chakra, het contact met het universum, het contact met je opdracht.

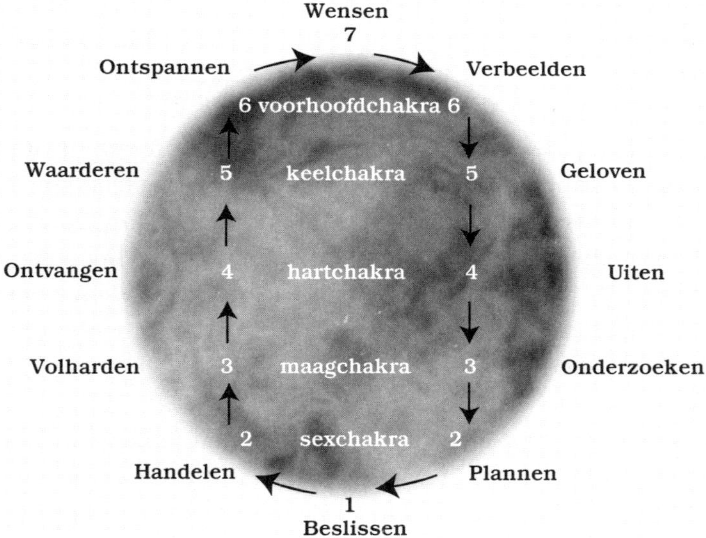

Afb. 12: De creatiespiraal en de zeven chakra's.

Ook de drie-eenheid van lichaam, geest en ziel spiegelt zich in de creatiespiraal. Daarbij is volharden de kerntaak van het lichaam, onderzoeken de centrale functie van de geest en wensen de essentie van de ziel. De geest stuurt het lichaam met zijn beslissingen, het lichaam informeert de ziel door wat is op waarde te schatten en de ziel voedt de geest met haar geloof en vertrouwen.

Ziel, bezieling, bestemming, roeping, levensopdracht en zingeving zijn begrippen uit de wereld van geloof, religie en spiritualiteit. Lichaam, lust, wens, verlangen, doel en ergens zin in hebben zijn begrippen uit de wereld van materie en behoeftebevrediging. De creatiespiraal brengt de begrippen ziel en verlangen, roeping en wens, zingeving en ergens zin in hebben heel dicht bij elkaar.

Het is alsof de creatiespiraal ons vertelt dat je bezieling zich kenbaar maakt als een verlangen. Of dat doen waar je zin in hebt, zin geeft aan je leven. Of dat datgene waartoe je geroepen bent, gelijk is aan hetgeen je werkelijk wenst. Maak contact met je eigen wensen, de kern van je ziel, vertrouw en geef van daaruit richting aan je leven.

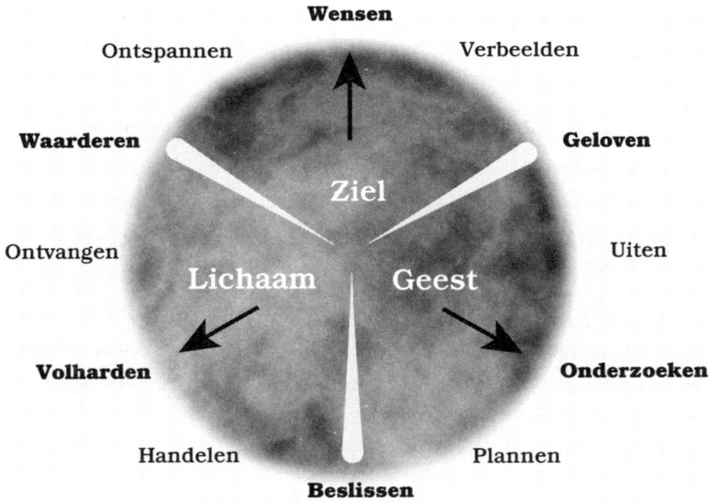

Afb. 13: De creatiespiraal en de drie-eenheid van ziel, geest en lichaam.

Een verrassende parallel is die met de vier grote culturen. Links boven vinden we de cultuur van het oosten waarin waarden als tevreden zijn met, innerlijke stilte en meditatie centraal staan. Daar recht tegenover, rechts onder vinden we de cultuur van het westen, met als centrale waarden onderzoek, marketing en planning. Links onder vinden we dan logischerwijze de cultuur van het noorden, een cultuur van hard werken en zweten. Tenslotte vinden we rechts boven de cultuur van het zuiden, een cultuur van fantaseren en geloven.

Ieder van deze culturen heeft zijn eigen sterke kant, een voorkeur voor één van de seizoenen van het creatieproces. Elke cultuur op zichzelf is uit balans, ze hebben elkaar dus nodig. De vier culturen zullen elkanders voorkeur moeten leren onderkennen en respecteren als een essentiële en onmisbare bijdrage aan het realiseren van een harmonische samenleving.

Ik vraag me zelfs af of je hieruit niet moet concluderen dat interculturele samenwerking een noodzakelijke voorwaarde is voor het ontstaan van een evenwichtige, welvarende en gezonde samenleving.

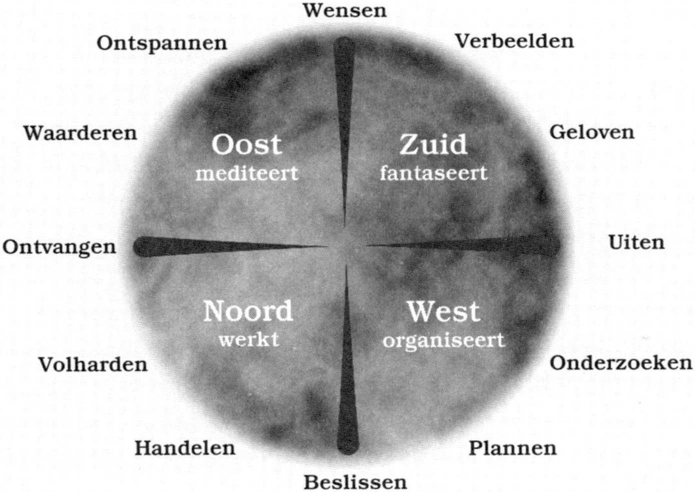

Afb. 14: De creatiespiraal en de vier culturen.

De creatiespiraal beschrijft ook de levensloop[7] van de mens.

Je wordt geboren vanuit en met een wens en gedurende de eerste eenentwintig jaar gevoed met beelden en opvattingen. Daarna ga je op zoek naar je plaats in de wereld, in de maatschappij. Een periode die ook wel de 'gezellentijd' wordt genoemd. Drie maal zeven jaar later, zo rond je tweeënveertigste, heb je inmiddels je 'midlife crisis' grotendeels achter de rug. Je hebt een belangrijke keuze gemaakt: "Gebruik ik mijn leven om te gaan doen wat mij werkelijk boeit of blijf ik voor de zekerheid zitten waar ik zit?"

Als je ervoor gekozen hebt om hetgeen je werkelijk beweegt te verwezenlijken, begin je aan de volgende fase, de realisatie van je levensopdracht. De 'meestertijd', eenentwintig jaar lang, tot je drieënzestigste, werk je aan de vervulling van je levenswerk, je levenswens, om er daarna met genoegen en waardering op te kunnen terugzien en het met toenemende wijsheid weer los te kunnen laten. Bij vierentachtig sta je voor de keuze om afscheid te nemen of te gaan voor een nieuwe ronde, een nieuwe kindertijd.

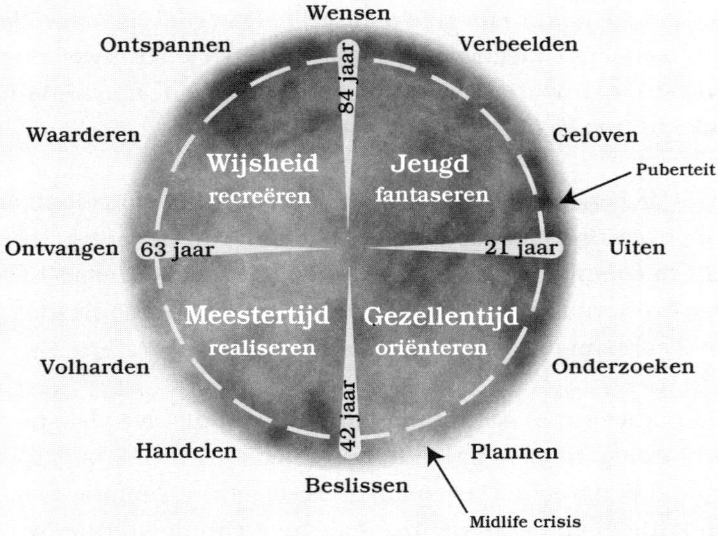

Afb. 15: De creatiespiraal en de levensloop van de mens.

Zoals je de creatiespiraal kunt beschouwen als de beschrijving van een individueel creatieproces, zo kun je haar ook zien als de beschrijving van een collectief creatieproces.

Echtparen, teams, bedrijven en organisaties hebben wensen die ze met elkaar wensen te realiseren. Dan gaat het om collectieve wensen, collectieve beelden, collectief vertrouwen enzovoorts. Organisaties en samenleving hebben, net zoals het individu, een eigen wens, een eigen bestemming.

Zoals de eencelligen elkaar ooit vonden in een harmonische samenwerking en zodoende het lichaam van de mens creëerden, zo staan wij thans voor de uitdaging om met respect voor en gebruik van ieders individuele wensen vitale organisaties en een ideale samenleving te creëren.

De creatiespiraal geeft aanleiding tot een nieuwe visie op de verhouding tussen individu, organisatie en maatschappij. Voordat ik me echter helemaal overgeef aan een euforie over de schoonheid en de brede inzetbaarheid van de spiraal, wil ik eerst nog even terug naar de realiteit van het leven van alledag. De spiraal lijkt zo gemakkelijk en vanzelfsprekend. Waarom gaat er dan zoveel verkeerd in een mensenleven?

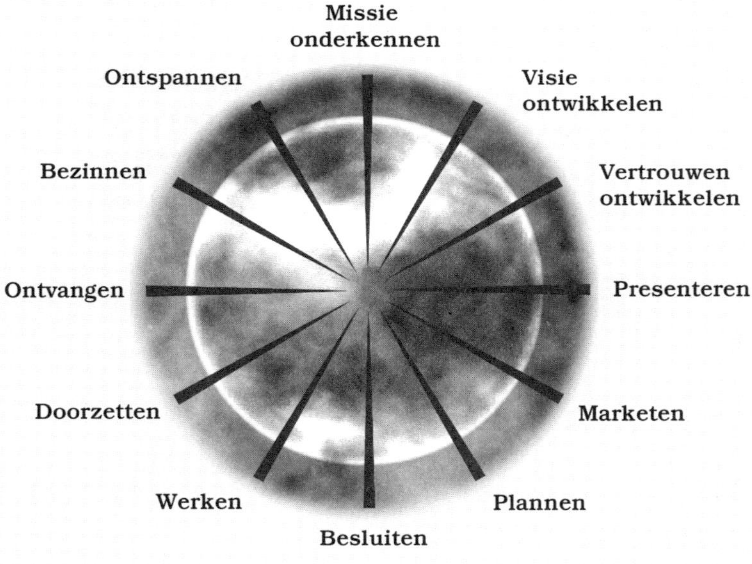

Afb. 16: De creatiespiraal voor teams en organisaties.

Hoofdstuk 4

De negatieve creatiespiraal en de oneindige creatiecirkel

Tot nu toe beschrijft de creatiespiraal slechts een deel van onze dagelijkse ervaringen. Ze is weliswaar een in allerlei opzichten schitterend model en lijkt ook op een heel vanzelfsprekende en natuurlijke wijze de weg van wens naar werkelijkheid, de weg naar succes, te beschrijven. Er gaat echter ook een hoop mis in een mensenleven.

Dit deel, het ontstaan van onze ellende, blijkt zich te laten beschrijven door wat je een "negatieve creatiespiraal" zou kunnen noemen. Deze negatieve spiraal is overigens vrijwel identiek aan de positieve. Het belangrijkste verschil is dat waar een positieve spiraal begint bij wensen, een negatieve begint bij zorgen ofwel bij hetgeen je zoal niet (meer) wenst.

Bij de beschrijving van de positieve creatiespiraal heb je je aandacht gericht op een wens. Een wens waar je enige passie bij voelde. Ik vroeg je toen om je uitdrukkelijk niet bezig te houden met wat je niet wenst. Nu zou ik je willen vragen dat juist wel te doen. Richt je aandacht op een zorg. Kies een zorg waarbij jij je 'thuis' voelt. Waar je als het ware vanzelf en gemakkelijk inglijdt.

Ga vanavond, voor je gaat slapen, vijf of tien minuten met je aandacht volledig op in je zorg. Creëer een levendige voorstelling van een situatie waarin je zorg zich reeds gerealiseerd heeft. Maak het echt erg. Je bent bijvoorbeeld je baan en je familie kwijt. Je slaapt ergens op straat. Je hebt zelfs geen drank meer.

Gebruik weer al je zintuigen. Ruik het, proef het, zie het voor je, voel het en hoor de bijbehorende geluiden. Ga daarna 'lekker' slapen en doe morgenochtend bij het wakker worden precies hetzelfde nog een keer, weer vijf à tien minuten. Hou dat een week of twee vol. Het vraagt natuurlijk enige discipline maar het werkt dan ook gegarandeerd.

Je zult merken dat je na een paar dagen, min of meer als van zelf, bang begint te worden dat het nog een keer gaat gebeuren ook. 'Bang worden dat' is in de negatieve spiraal het equivalent voor 'Het er in geloven' in de positieve versie. Je gelooft dat het wel eens verkeerd zou kunnen aflopen.

Bovendien krijg je waarschijnlijk ook de behoefte om er met anderen over te praten. Je wilt met je zorgen ergens heen, je wilt ze kunnen uiten. Je gaat op zoek naar mensen waarmee je ze kunt delen. Ongemerkt ben je nu al een flink eind op weg in de negatieve creatiespiraal.

Stel je bent bang voor iets dat zou kunnen gebeuren, iets dat je absoluut niet wenst. Je bent bijvoorbeeld bang voor inbrekers. Je houdt het eerst nog een tijdje voor jezelf maar op een gegeven moment zoek je toch iemand op en je vertelt hem over jouw angst. Hij zegt: "Zeur niet zo, denk toch gewoon positief." Voel jij je dan begrepen?

Jij denkt "Ja, ja die heeft mooi kletsen maar met die flauwekul over positief denken, schiet ik niks op. Ik ben gewoon bang." Je blijft er met mensen over praten. Totdat je eindelijk iemand tegenkomt die jou begrijpt en die zegt: "Ja weet je, de criminaliteit neemt de laatste tijd ontzettend toe. Hier om de hoek is vorige week ook nog ingebroken!"

Je voelt je meteen al wat meer op je gemak. Je bent als mens eigenlijk altijd op zoek naar gelijkgestemden, naar mensen die net zo denken als jijzelf. Je zoekt een vriend, een coach, een therapeut of literatuur die bevestigt wat jij al dacht. Dat is geruststellend en zelf hoef je niet te veranderen.

Je hebt je inmiddels weten te omringen met mensen die jouw angsten en zorgen met je delen. Op een gegeven moment zegt er iemand: "Weet je wat jij moet doen?" En je denkt "Goed opletten, de onderzoeksfase is gestart, de eerste tip komt binnen." "Je moet rolluiken aanschaffen." Je wilt je natuurlijk breed oriënteren en gaat door met zoeken. Je verzamelt nog wat ideeën, zoals hond in huis, alarminstallatie, sloten op of om je huis. Je rondt af met een onderzoek naar prijs en kwaliteit, maakt een plan en hakt tenslotte de knoop door. Het worden rolluiken.

Nu is het verder een kwestie van handelen en volharden. Ja, want nu die rolluiken er hangen, moeten ze natuurlijk ook iedere dag open en dicht. Afhankelijk van de school- en werktijden van de verschillende gezinsleden gaan de rolluiken meestal 's ochtends of juist 's avonds dicht en dan 's avonds of 's ochtends weer open. Hoe het ook zei, de rolluiken moeten minimaal één keer per dag open en één keer per dag dicht.

Dan komt de grote vakantie. Je gaat drie weken ontspannen in het buitenland en je vergeet een familielid te vragen de rolluiken dagelijks open en dicht te doen. Terug van vakantie ontvang je het resultaat. Het is gelukt. Er is ingebroken.

De meeste mensen zijn teleurgesteld als hun zorgen uitkomen. Strikt logisch gezien is dat een beetje vreemd. Als jij je zorgen maakt en ze komen uit, dan is er iets gelukt, dan heeft het creatieproces gewerkt. Vroeger zei mijn vader: "Je moet niet bang zijn van honden want anders gaan ze bijten." Toen werd ik eerlijk gezegd pas echt bang van honden. Niet veel later werd ik een keer gebeten. Is er dan iets gelukt of iets mislukt? Mij lijkt dat het negatieve creatieproces in dit geval gewoon gewerkt heeft en dat je binnen dit kader kunt spreken van een succes.

Als jij bang bent dat jij je baan verliest of dat je partner wegloopt en het gebeurt, dan heeft het creatieproces gewerkt. Het zou eigenlijk heel vreemd zijn als jij je aldoor zorgen zou maken en ze zouden alsmaar niet uitkomen. Logisch gezien is het nu dus tijd om, net als in de positieve spiraal, te ontvangen, waarderen en te ontspannen.

Toch zijn mensen over het algemeen ontevreden als hun zorgen uitkomen. In plaats van waardering is er teleurstelling en wie teleurgesteld is, raakt niet ontspannen maar gespannen. En wie gespannen is, gaat zich meer zorgen maken, krijgt meer angstbeelden en gaat er nog meer in geloven. Voordat je het goed en wel in de gaten hebt zit je in een negatieve creatiespiraal.

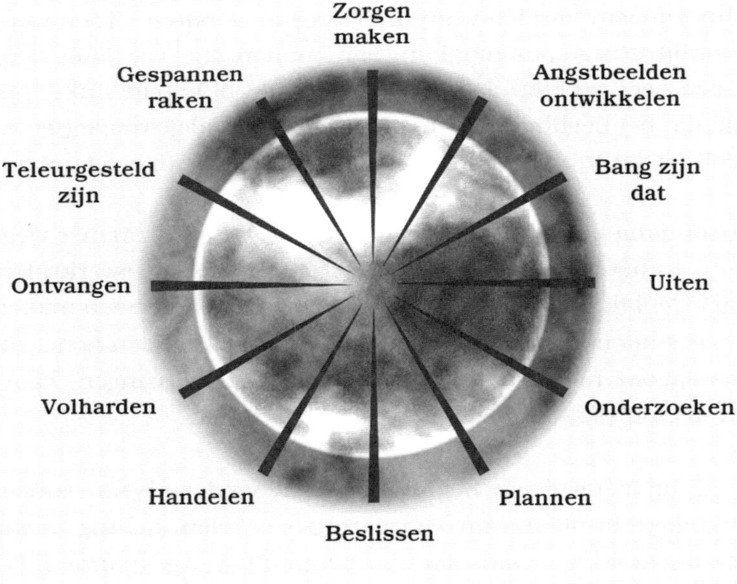

Afb. 17: De negatieve creatiespiraal.

Er bestaat dus, behalve de positieve creatiespiraal, ook een negatieve creatiespiraal. Zoals onze wensen voorgevoelens zijn van hetgeen wij daadwerkelijk kunnen realiseren, zo zijn ook onze zorgen voorgevoelens van hetgeen wij daadwerkelijk kunnen realiseren.

Afhankelijk van het moment waarop je dit leest en de stemming waarin je nu verkeert, zul je jezelf gemakkelijker herkennen in de ene dan wel in de andere spiraal.

Toch worden de meeste gebeurtenissen in ons leven niet door de positieve en ook niet door de negatieve creatiespiraal beschreven. De positieve spiraal beschrijft hoe je door het bewust realiseren van je wensen en het bewust ontvangen van je succes op een steeds wezenlijker niveau van wensen en creëren terechtkomt. Kortom, de positieve spiraal beschrijft hoe je groeit. De negatieve spiraal beschrijft hoe je meer en meer gefrustreerd raakt, hoe je jezelf dieper en dieper in de ellende graaft en steeds verder van je echte doel verwijderd raakt.

In het leven van alledag ben je over het algemeen noch in de ene, noch in de andere spiraal maar bevind je je in de tredmolen van het leven. In een eindeloze herhaling van aldoor dezelfde patronen met alsmaar dezelfde soort gebeurtenissen en dezelfde soort gevoelens, niet in een spiraal omhoog of omlaag maar in een cirkel, een vicieuze cirkel, een eindeloze creatiecirkel.

De eindeloze creatiecirkel beschrijft dus niet de creatie van groeiend succes of toenemende ellende, maar de creatie van het alledaagse.

De eindeloze creatiecirkel begint dan ook niet bij wensen of bij zorgen maar bij de beelden, die je eerder in je leven hebt opgedaan. Beelden van en opvattingen over andere mensen, mannen, vrouwen, Amsterdammers, politieagenten, ondernemers, studenten, een eindeloze lijst met (voor)oordelen.

Daarnaast heb je opvattingen over je eigen kwaliteiten en jouw kansen in deze wereld. Beelden en opvattingen die het kader bepalen waarbinnen jij jezelf een eigen toekomst kunt voorstellen. Binnen dat kader praat je over jezelf en over je verwachtingen. Je omringt jezelf met mensen die er net zo'n kader op na houden als jij of die jou in ieder geval in jouw kader bevestigen.

Je kent je plaats. Je ziet jezelf bijvoorbeeld als ondergeschikt en vindt iemand die zich graag omringt met ondergeschikten. Je loopt op straat en denkt: "Wat zijn mensen toch chagrijnig." of "Wat zijn mensen toch vrolijk van aard." Volkomen automatisch, probeer het maar eens, valt je blik op die mensen die jouw denkbeelden bevestigen. Je hebt dus hoe dan ook gelijk. Als je bovendien jaren en jaren met zo'n denkbeeld rondloopt, breidt je kennissenkring zich ook voornamelijk uit met chagrijnen dan wel vrolijk gestemde mensen. Wat begint als een subjectieve mening, eindigt in jouw feitelijke werkelijkheid.

Wie denkt dat mensen niet te vertrouwen zijn, heeft ook een neus voor onbetrouwbare mensen. Ik coachte ooit een kleine zelfstandige. Hij had al jaren last van slechte en niet betalende klanten. Ik vroeg hem of hij vond dat mensen niet te vertrouwen waren waarop hij uiteraard volmondig ja antwoordde. Mijn reactie was: "Wel, dat heeft dan gewerkt!" Hij is nooit meer bij me teruggekomen. Als je eenmaal doordrongen bent van het beeld dat mensen niet te vertrouwen zijn, is er ook nauwelijks meer plaats voor mensen waar dat niet voor geldt.

Mannen die er van overtuigd zijn dat vrouwen hen in hun vrijheid beknotten, trouwen waarschijnlijk met een vrouw die haar partner kort houdt. Vrouwen die doordrongen zijn van het denkbeeld dat mannen agressief zijn, hebben een zwak voor mannen waar dat inderdaad voor opgaat. Je kent je plaats. In feite zoek je, plan je, beslis je en handel je zonder je daarvan bewust te zijn zodanig, dat je daarmee in jouw leven je eigen denkbeelden in stand houdt. Je doet het werk dat gedaan moet worden. Je ziet het allemaal al voor je, je gaat de bekende weg en indien nodig volhard je daar zelfs in. Uiteindelijk oogst je een wereld die in harmonie is met jouw eigen beelden en opvattingen. Je krijgt zo ongeveer wat je al verwachtte.

Dat is niet leuk maar je bent er aan gewend geraakt. Je verdraagt het omdat het leven nu eenmaal zo is. Je probeert de pijnlijke kanten te negeren en te vergeten.

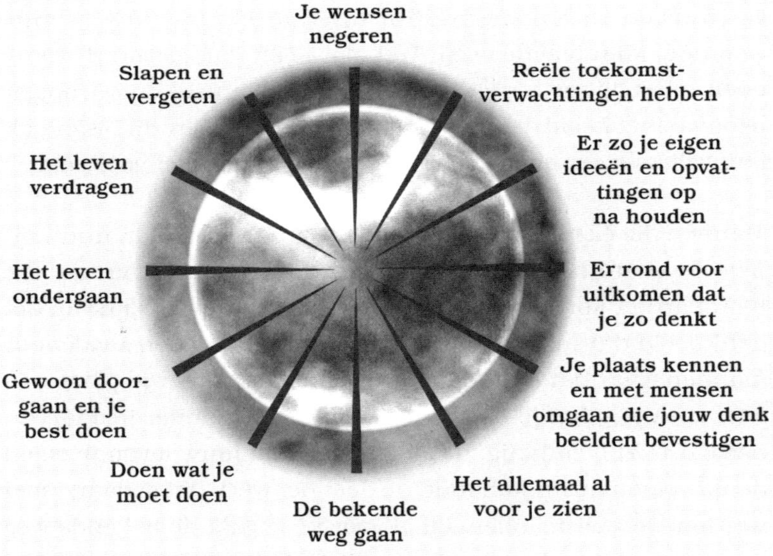

Afb. 18: De eindeloze creatiecirkel.

Je zou op dit moment je alledaagse werkelijkheid ook bewust kunnen ontvangen, waarderen, voelen en op waarde kunnen schatten. Zodat je haar kunt loslaten, contact kunt maken met de leegte en de stilte in jezelf om vanuit je diepste verlangens ofwel je werkelijke bestemming, een meer authentieke werkelijkheid te creëren.

Maar dat is nou precies wat mensen over het algemeen niet doen. We willen het liever niet weten. Dat wat is, wordt in de meeste gevallen niet bewust ontvangen. Er ontstaat geen moment van rust en stilte, waardoor ook het contact maken met de diepere verlangens erbij inschiet. In plaats van bewust te ontvangen, gebruiken we bijvoorbeeld alcohol, televisie, werk, dagbladen en gebabbel als middelen om ons bewustzijn uit te schakelen en onszelf te verdoven. En in plaats van contact te maken met onze werkelijke wensen, blijven we maar liever gewoon realistisch.

We negeren onze verlangens en behouden onze oude beelden en verwachtingen en beleven een voortdurende herhaling van wat al was. We bevinden ons in een eindeloze creatiecirkel. Of we dat nu positief of negatief noemen, doet er niet zoveel toe. Belangrijker is de vraag of er een manier is om deze, goeddeels onbewuste, herhaling te doorzien en te doorbreken.

Als je om je heen kijkt, zie je dat sommige mensen steeds weer dezelfde problemen tegen komen. Sommigen worstelen steeds met hun financiën, anderen hebben om de haverklap problemen met het vinden of behouden van werk. Weer anderen lopen telkens vast in relatieproblemen. Er zijn echter evenzogoed mensen die er financieel altijd doorheen komen, die altijd wel ergens een leuke baan weten te krijgen of al jaren en jaren een prettige en stabiele relatie met hun partner hebben.

Het lijkt wel of sommige problemen alleen maar bij bepaalde mensen terechtkomen en andere problemen voornamelijk bij anderen. In de praktijk blijken mensen zich steeds weer op ongeveer dezelfde manier in dezelfde problemen te manoeuvreren. Keer op keer hoor je mensen vertellen dat ze er nu uit zijn, dat het nu beter gaat, dat ze het deze keer anders gaan doen om enige tijd later te moeten constateren dat het toch weer niet gelukt is. In het leven van alledag blijken mensen dan ook veel meer patroonherhalende organismes dan wensrealiserende scheppers te zijn.

Wij zijn dus na een lange omweg weer terug bij de beginvraag van dit boek. De vraag van het kind, van de fysicus, van de motivator. "Hebben wij invloed op onze werkelijkheid of verloopt alles gewoon zoals het moet?" "Zijn wij de gevangenen van onze eigen eindeloze creatiecirkels of kunnen we die transformeren in positieve spiralen?"

Je kunt een eindeloze creatiecirkel in ieder geval niet doorbreken door 'gewoon' even anders te doen of 'gewoon' even anders te denken. In de eindeloze creatiecirkel zit je opgesloten in de wereld van je eigen beelden en opvattingen die je met je eigen creaties zelf voortdurend bevestigt. Daar stap je echt niet zomaar even uit.

Toch geloof ik dat je patroonherhalend gedrag kunt doorbreken en transformeren in wensrealiserend gedrag. Dat gaat echter alleen als je bereid bent het patroonherhalende karakter van je eigen gedrag te herkennen, het onder ogen te zien, je te realiseren dat je het zelf in stand houdt, en wel zonder jezelf om dat 'domme' gedrag te veroordelen. Want dat gedrag is niet dom maar is het natuurlijke gedrag van iemand die met die onaangename denkbeelden is grootgebracht.

Beschouw de onaangenaamheden die jou overkomen als jouw eigen creaties en durf tegen jezelf te zeggen "Aha, er is ingebroken, dat is weer gelukt." "Aha, ik heb weer een baas, een partner, een vriend die me niet respecteert." "Aha, ik word weer eens niet begrepen, ik ben weer alleen, het is me wéér gelukt." maar ook "Ik voel me weer eens gestresst, ontevreden, bezorgd, benauwd of anderszins ongelukkig." want ook die stemmingen zijn onderdeel van eindeloze creatiecirkels die je jezelf in de loop van je opvoeding hebt eigen gemaakt en die je onwillekeurig herhaalt en herhaalt.

Ja maar, denk je nu misschien, hoe zit het dan met de ander, degene die jou die ellende aandoet? Die is toch verantwoordelijk voor het feit dat jij niet begrepen en niet gerespecteerd wordt. Die doet het toch? Die ander speelt in jouw leven inderdaad de rol van dader. Dat klopt. Hij zit daarmee zelf waarschijnlijk in een van zijn eigen eindeloze creatiecirkels.

Nu kun je natuurlijk proberen de ander van zijn negatieve patroon te bevrijden. Dat is wat veel mensen in zo'n situatie ook zullen doen. Soms gaan ze er zelfs jaren en jaren mee door, vaak zonder enig succes. Effectiever is het je eigen rol in dat 'spel' aan te pakken, zodat je de ander als dader gewoon niet meer nodig hebt.

Zolang je ervan uitgaat dat het je overkomt of wordt aangedaan, sta je machteloos. Pas als je bereid bent de tegenslagen die je beleeft te interpreteren als jouw eigen creaties en ervan uitgaat dat jij de schepper bent van wat jou overkomt, pas dan geef je jezelf ook de macht om er iets aan te kunnen veranderen.

Het gaat er nogmaals uitdrukkelijk niet om jezelf om dat gedrag te veroordelen. Het is niet jouw schuld en je hebt dat ongewenste patroon ook niet omdat jij zo'n kluns bent. Je hebt het gewoon ooit geleerd, in een tijd dat je nog maar net kon lopen en praten. Je hebt het je onwillekeurig eigen gemaakt, niet omdat je dat wilde maar omdat de natuur zo werkt. De kleintjes imiteren de groten.

Het is niet jouw schuld maar je bent wel de enige die er iets aan kan doen. Aanvaard de omstandigheden waarin je leeft als jouw eigen creatie, neem de verantwoordelijkheid en verwerf daarmee de macht en het vermogen om je werkelijkheid naar eigen wens vorm te geven.

In de praktijk gaat creëren niet alleen maar om de weg van wens naar werkelijkheid, de weg van wensen, verbeelden, uiten, onderzoeken, plannen, beslissen, handelen via volharden naar ontvangen. Dat is maar driekwart van het verhaal. In de praktijk gaat creëren om de weg van dit heden naar een nieuw heden. Van ontvangen wat nu is, daarbinnen het ongewenste herkennen en loslaten om pas daarna de weg van wens naar werkelijkheid te gaan.

Het realiseren van succes begint niet met het bewust leren toepassen van de positieve creatiespiraal maar met het herkennen en bewust leren doorbreken van eindeloze creatiecirkels. Hoe je dat doet, daarover gaat het onder andere in het tweede deel van dit boek *de creatiespiraal in de praktijk.*

DEEL II
de praktijk

"Aan een appelboom
groeien geen peren."

Hoofdstuk 5

De zes huizen

De twaalfpuntige creatiespiraal leent zich uitstekend voor een theoretische beschrijving van of een filosofische verhandeling over het creatieproces. Om op een effectieve manier met de creatiespiraal te kunnen werken, blijkt een indeling in zes werkgebieden echter veel praktischer.

Ontspannen-wensen-verbeelden, dat deel van het creatieproces waar je alleen met jezelf en in stilte bezig bent: ***stiltewerk.***

Verbeelden-geloven-uiten, de fase waarin je zorgt voor een heldere en positieve mentale instelling: ***positief denkwerk.***

Uiten-onderzoeken-plannen, de periode waarin je zoekt naar de ingrediënten, de plek en de mensen waarmee je jouw dromen kunt realiseren: ***netwerk.***

Plannen-beslissen-handelen, in het grensgebied tussen denken en doen, bepaal je de te volgen route: ***strategiewerk.***

Handelen-volharden-ontvangen, je werkt, zet door, realiseert je planning en maakt je fantasiebeelden tot werkelijkheid: ***echt werk***.

Ontvangen-waarderen-ontspannen, hier begint en eindigt ieder creatieproces. Je incasseert het ongewenste en laat het los. Je ontvangt het gewenste, geniet en deelt: ***emotiewerk.***

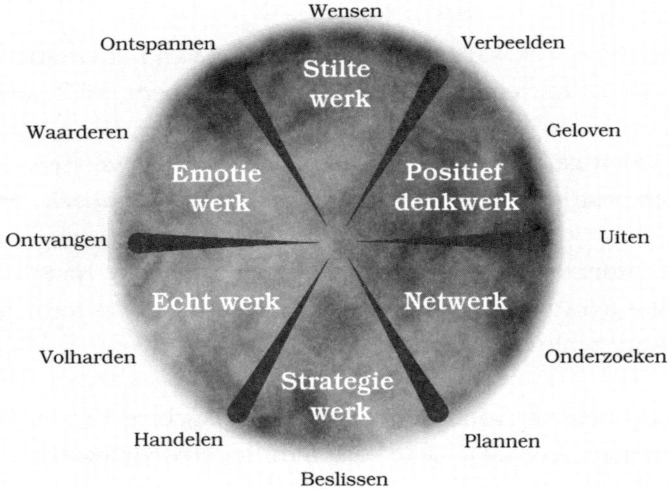

Afb. 19: De zes werkgebieden zijn voor een mens net als de vier seizoenen voor een appelboom, allemaal even onmisbaar.

De zes werkgebieden: stiltewerk, positief denkwerk, netwerk, strategiewerk, echt werk en emotiewerk vragen ieder afzonderlijk om een eigen, passende werkomgeving. Een plaats voor bezinning, zoals bijvoorbeeld een kerk, is wellicht een geschikte werkomgeving voor het stiltewerk. Het ontwikkelen van zelfvertrouwen, het positief denkwerk, vraagt om een omgeving waarin je veilig kunt leren, een school. Netwerken doe je op een plaats waar denken en communiceren centraal staan met bureaus, telefoons, computers en ontmoetingsruimten, een kantoor. Het strategiewerk vraagt om een rustige doch ook aardse ambiance, een plaats waar weloverwogen kan worden besloten, zoals in een raadhuis. Het echte werk wordt gedaan in de werkplaats. Het emotiewerk tenslotte, het vieren en treuren, vindt plaats in de zaal achter het café.

De zes werkgebieden van de spiraal kunnen worden gesymboliseerd door zes huizen: een kerk, een school, een kantoor, een raadhuis, een werkplaats en een café.

Het gaat dan wel om een kerk waar je contact maakt met je eigen wensen, een school waar je leert in jezelf te vertrouwen, een kantoor waar je zinvolle verbindingen legt, een raadhuis waar je na overleg zelf beslist, een werkplaats waar je het werk doet waar je van houdt en een café zonder alcohol, want alle emoties worden bij vol bewustzijn geleefd.

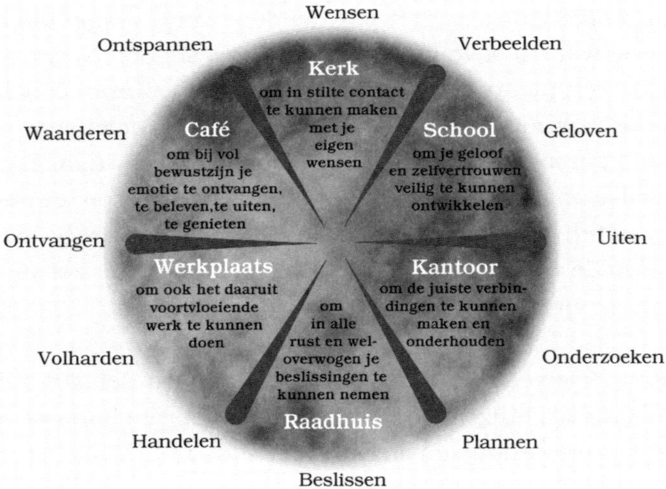

Afb. 20: De zes huizen. Een mens kan niet groeien zonder stilte, zelfvertrouwen, netwerk, strategie, actie of zonder emotieleven.

De zes huizen herbergen ook zes vakgebieden. Ieder huis kent zijn eigen leraren. De motivator leert je positief te denken. De trainer creativiteit en communicatie helpt bij het bouwen van een functioneel netwerk. In het strategiewerk ontmoet je consultants en adviseurs die je ondersteunen bij het maken van belangrijke keuzes. Bij het echte werk vind je docenten die je helpen bij het verwerven van vakkennis en praktische vaardigheden. In het emotiewerk vind je de therapeut die jou begeleidt bij het loslaten van oude ongewenste patronen. Bij het stiltewerk tenslotte ontmoet je de spiritueel leraar die je inwijdt in de wereld van meditatie, in contact brengt met de stilte in jezelf en je meeneemt op een ontdekkingsreis naar je ware wensen.

Hoewel de zes werkgebieden elkaar in de praktijk vaak zullen overlappen, is het opmerkelijk te zien hoe de vakgebieden van de therapeut, de spiritueel leraar, de motivator, de trainer creativiteit en communicatie, de consultant en de vakdocent zich herkenbaar van elkaar onderscheiden.

Mensen hebben vaak de neiging voor de oplossing van hun problemen steeds naar dezelfde één of twee van de genoemde zes begeleiders te gaan. Toch heb je de vaardigheden op alle zes vakgebieden even hard nodig. Je kunt niet zomaar een vak laten vallen.

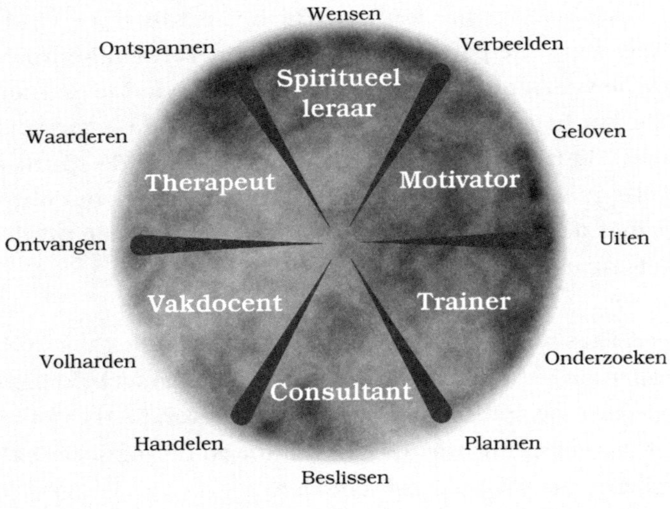

Afb. 21: De zes vakgebieden. Alleen als je op elk van die gebieden goed functioneert, zul je tot volle bloei komen.

Hoofdstuk 6

Het eerste huis
Emotiewerk

Ieder nieuw creatieproces begint met het ontvangen, waarderen en loslaten wat nu is. Het verlangen iets nieuws te creëren, ontstaat uit de ervaring dat het heden niet datgene is wat jij jezelf toewenst. Je wilt iets veranderen. Om dat wat is te kunnen veranderen, begin je met dat wat is bewust onder ogen te zien en te accepteren.

Een concreet voorbeeld, iets wat op dit moment speelt. Ik heb, zoals me wel vaker gebeurt als ik aan het schrijven ben, last van het gevoel dat ik helemaal niet kan schrijven. Ineens weet ik niet meer wat ik moet schrijven. Ik heb nooit kunnen schrijven. Ik kan ook niet overzien wat ik al geschreven heb. Kortom, ik kan het niet. Ik raak in paniek. Ik blokkeer.

Mijn wens is een mooi en inspirerend boek te schrijven. Ik heb het gevisualiseerd, zie het helder voor me. Maar het lukt me niet, want er is een oude werkelijkheid die nog altijd in mij leeft en die vele malen sterker is dan mijn wens. Het is de werkelijkheid die ik als kind op de lagere school beleefde. -De onderwijzer zegt: "Jouw handschrift deugt niet." Ik maak aldoor spellingsfouten. Ieder opstel is een marteling, na de eerste zin blokkeert mijn hoofd. Ik kan niet schrijven.- Gelukkig was ik, zo dacht ik althans, goed in rekenen. Anders was het met mij op school en later op de universiteit niet best afgelopen. Ik kan dus niet schrijven. Dat programma zit er stevig ingehamerd.

Toch wil ik mijn wens niet opgeven. Wat staat mij nu te doen? De creatiespiraal leert me eerst dat wat is te accepteren, het op waarde te schatten om het zodoende los te kunnen laten zodat ik daarna het nieuwe kan creëren.
Maar hoe doe je zoiets?

Stap 1: Herken dat het je eigen patroon is. Dat het, zoals in mijn geval, niet ligt aan mijn pen, aan het licht hier, aan de geluiden om mij heen of aan mijn vriendin die op het verkeerde moment komt storen. Neen, het is het mij welbekende patroon. Ik zit voor een blanco vel papier: alles in mij blokkeert, ik kan niet schrijven. Het is mijn patroon dat zich herhaalt.
Stap 2: Waardeer, voel hoe het voelt om geblokkeerd te zijn. Ontvang dat gevoel, geef je er helemaal aan over, wordt als het ware dat gevoel en vergeet even waardoor het veroorzaakt werd. Praat er niet over, denk er niet over, maar wees gewoon helemaal dat gevoel. Laat het je lichaam helemaal doordringen. Ga er naar staan, zitten, liggen of hangen. Laat op je gezicht een grimas verschijnen waardoor anderen onmiddellijk kunnen zien in welke stemming je verkeert.
Stap 3: Maak er nu ook nog een geluid bij. Let wel, alleen geluid en geen woorden. Geef hiermee uiting aan dat zo onaangename gevoel dat jou keer op keer overvalt. Zodra dat lukt, blijf er dan even in en kijk en luister van binnenuit naar jezelf. Als je dat doet, gebeurt er iets wonderlijks. Je wordt nu de toeschouwer van dat gevoel en als jij eenmaal de toeschouwer bent, laat het gevoel jou los.[8]

Als jij weer eens terechtgekomen bent in een van je ongewenste creatiecirkels, dan herken je dat aan het feit dat je je niet prettig voelt. Het onprettige gevoel zelf is een signaal, een waarschuwing dat het weer zover is. Je bent op het spoor van een oud en ongewenst patroon.

Meestal zul je bij het ervaren van een onprettige stemming op zoek gaan naar een rationele oorzaak. Doen de mensen in je omgeving iets verkeerd, zijn de omstandigheden ongeschikt of maak je misschien zelf een fout?

Je bent geneigd een logische verklaring en een praktische oplossing te zoeken. Daardoor zou je over het hoofd kunnen zien dat het hier een eigen en ongewenst patroon is dat zich op natuurlijke wijze herhaalt. Mensen zien je kwaliteiten niet, laten je niet uitspreken en jij denkt: "Zij doen mij iets aan of wat ben ik toch dom." Terwijl zij jou niet zozeer iets aan doen en je ook niet dom bent maar jij min of meer als vanzelf terechtgekomen bent in een oud, stevig ingeprent, weliswaar onprettig doch ijzersterk patroon.

Ga er de eerstvolgende keer dat je je niet prettig voelt eens niet vanuit dat iemand jou iets aandoet of dat je dom bent maar dat jij zelf de sterke, hardnekkige herhaler bent van een patroon. Denk eens niet na over door wie en wat het allemaal komt maar concentreer je op hoe het voelt om dit weer te moeten meemaken. Voel hoe jouw eindeloze creatiecirkel aanvoelt.

Wanneer jij het zo onaangename gevoel dat jou de weg van wens naar werkelijkheid blokkeert, kunt spelen, kunt uitvergroten, aan anderen kunt laten zien en erom kunt lachen, dan ben jij dat gevoel meester en is het jou niet meer de baas.

Het klinkt zo gemakkelijk. "Speel met je emoties, geniet ervan en word ze meester." Als dat zo goed helpt, waarom doen we dat dan niet? Waarom is emotiewerk in de praktijk zo moeilijk? Waarom vinden we het zo raar? Als kind deed je het nog vanzelf. Kinderen geven onmiddellijk uitdrukking aan hun emoties en maken daar ook het nodige geluid bij. Daarmee ontladen zij opgelopen spanning en verzachten ze eventuele pijn.

Het zijn de opvoeders die hun kinderen aangeleerd hebben om hun emoties te beheersen. Afhankelijk van je ouders, je onderwijzers en de buren heb je geleerd het uiten van gevoelens als boosheid, teleurstelling, ongeduld en verdriet in meer of mindere mate te onderdrukken.

Het tonen en vooral het uiten van emoties, wat dus niet hetzelfde is als het erover spreken, is in onze cultuur een alledaags taboe. Toneelspelers, zangers en conferenciers mogen het juist wel, voor zover het althans hun artistieke werk betreft. Wij gewone mensen worden geacht in het openbaar onze plas en emoties op te houden en ze voor thuis, voor als we echt alleen zijn of voor altijd te bewaren.

Omdat het beleven van emoties verboden is, gaan we erover denken en praten, verdiepen we ons in de schuldvraag. Is het mijn schuld of is het zijn schuld? We gaan oordelen en veroordelen. Er ontstaat een verhaal over hoe erg het wel niet is. Een verhaal dat we keer op keer herhalen. Een verhaal waarmee we, zoals we in het positieve (en negatieve) denkwerk zullen zien, het zo ongewenste in onszelf levend houden.

Ondertussen proberen we onze onaangename gevoelens te verdoven, te negeren en te onderdrukken. We vluchten ervoor weg. Maar van binnen sparen we ze op. Het tragische is dat naarmate je een emotie meer en langer inhoudt en dus meer opspaart, hij aan je buitenkant steeds zichtbaarder wordt.

Wie zijn verdriet, boosheid of machteloosheid negeert en verbergt, ziet er voor een buitenstaander steeds verdrietiger, bozer of machtelozer uit. Nu blijkt dat wij geneigd zijn verdrietige mensen in de steek te laten, de bozen te pesten en de mensen die machteloosheid uitstralen te misbruiken. Met andere woorden, door je ongewenste emotie te onderdrukken, roep je bij je omgeving precies dat gedrag op waardoor jij weer in datzelfde ellendige gevoel terecht komt. Het verbergen van emoties mislukt altijd. Wie zijn angst negeert en probeert te verbergen achter een stoer uiterlijk houdt voornamelijk zichzelf voor de gek en loopt veel meer risico dan degene die zijn angst bewust beleeft en er naar handelt.

Als wij ons willen bevrijden van onze ongewenste eindeloze creatiecirkels, zullen we opnieuw moeten leren voelen en uiten. Iedere emotie gaat gepaard met een eigen fysieke gesteldheid. In iedere stemming neemt je gelaat en ook de rest van je lichaam een welbepaalde houding aan. In contact zijn met je gevoelens betekent zintuiglijk waarnemen wat zich op dit moment in je lichaam afspeelt.

Onprettige stemmingen veroorzaken onaangename spanningen. Je krijgt er bijvoorbeeld buikpijn van, voelt je benauwd, trekt met je mond of fronst je wenkbrauwen. Voel en bestudeer die lichamelijke verschijnselen. Neem bewust waar. Práat niet over wat je dwars zit en praat niet over je gevoel, maar voel het, geef er fysiek uitdrukking en uiting aan en ontdek hoe prettig dat is. Doorbreek het taboe dat jou de weg naar succes belemmert.

Emotiewerk betekent ontdekken wat de kwaliteit is die verborgen ligt achter je onaangename emoties. Neem nu boosheid. Wie zijn boosheid ontvangt en op waarde weet te schatten, leert te genieten van zijn eigen kracht en ontwikkelt zelfrespect.

Boosheid is oude, onderdrukte, niet geleefde en daardoor verzuurde kracht. Daarom is boosheid vaak lelijk en kwaadaardig. Doch een direct geuite reactie op het overschrijden van jouw grenzen is mooi, krachtig en gezond.

Als je geregeld boos bent over de manier waarop anderen jou behandelen of waarop de mensen om je heen met elkaar omgaan, trek je dan eens terug op een plek waar je jezelf luidruchtig kunt laten gaan. Denk nu aan een persoon of situatie die jou boos maakt en laat je boosheid opkomen. Maak het groter, blaas het op. Begin als een wilde aap of een grommende leeuw dreigende gebaren en geluiden te maken.

Gebruik vooral geen woorden, want zodra je woorden gebruikt, op de ander scheldt, de ander verwijten maakt of vloekt, verschuift je aandacht van het beleven van je emotie naar het rationele niveau van het hoe en waarom. In feite begin je een partijtje negatief denkwerk.

Door je te concentreren op het fysiek beleven en uiten van je boosheid, ontwikkel je een houding die past bij het gevoel van kracht en zelfrespect. Je bent een krachtig schepsel waar anderen respectvol mee om zullen moeten gaan. Je bent groot, sterk en belangrijk. Zo ontdek je hoe lekker boos zijn eigenlijk is. Op een gegeven moment zul je er als vanzelf om gaan lachen. Je behoudt je gevoel van kracht en verliest het boze.

Pas dan treed je met dit gevoel van kracht en zelfrespect degene of de situatie waar je zo boos op was, tegemoet. Je kansen nu respectvol behandeld te worden zijn aanzienlijk gestegen.

Misschien weet je nog hoe een leraar afging als je hem met je plagerijen kwaad had gekregen. Hij verloor het respect van zijn leerlingen. In feite manifesteerde hij met zijn kwaadheid ook zijn onvermogen om op het juiste moment zijn grenzen te kunnen aangeven. De leraar daarentegen die als hij dat nodig vond kon spelen dat hij boos was, genoot ontzag.

Als jij je boosheid kunt spelen, ben jij je boosheid meester. Dan kun je als dat nodig is je boosheid gebruiken om daarmee helder en duidelijk je eigen grenzen aan te geven. Als je je boosheid echter inhoudt en opspaart tot het echt niet langer meer kan en pas dan ontploft, ontstaat er een vijandige sfeer, waarin je zowel jezelf als anderen zou kunnen beschadigen.

Je put jezelf uit in het beschrijven van de onrechtvaardigheid van het gedrag van de ander. Wat jij daarmee bereikt, is het in standhouden en versterken van een ongewenst beeld, het beeld van een onrechtvaardige wereld. En daarin heb je misschien wel gelijk maar als je wilt dat de wereld verandert, heb je niet veel aan dat gelijk, integendeel.

Wie vaak boos is, heeft behoefte aan respect van de ander, aan meer kracht en meer gezag. Door je boosheid voluit te ontvangen, te spelen en te genieten, ontwikkel je precies dat wat je nodig hebt. Je wordt verlost van het kwade en komt in de wereld die jij wenst. Een wereld waarin men jou respecteert.

Iedere onaangename stemming verhult een verborgen kwaliteit. Zoals je woede een uitnodiging is je innerlijke kracht te genieten zo is angst een uitnodiging om het avontuur voluit te genieten.

Stel, je hebt geregeld last van een hinderlijke angst. Je bent bijvoorbeeld bang om iemand je liefde te bekennen of je bent gewoon bang voor inbrekers. Trek je dan eens terug, speel die angst, word je angst. Kruip met je lichaam in de houding van angst, zet je gelaat in een grimas van angst en maak het geluid van jouw angst. Ontdek vervolgens hoe lekker spannend dit is.

Ik begeleidde ooit een autocoureur en ik vroeg hem of hij wel eens bang was. “Neen,” zei hij, “ik vind het spannend.” Als je je angst niet bewust durft te beleven, zul je moeite hebben een avontuurlijk leven te leiden. Als je het avontuur dat het leven onvermijdelijk met zich meebrengt, probeert te ontwijken, spaar je dat spannende gevoel op en ontwikkel je angst. Als je geregeld bang bent, verlang je waarschijnlijk naar meer avontuur. Zoals wie geregeld boos is, waarschijnlijk verlangt naar meer respect.

Iedere onaangename emotie draagt in zichzelf een schat. In feite zijn je onaangename emoties een uitnodiging om die schat te ontdekken. Daarom blijven ze ook zo hardnekkig terugkomen. Net zolang totdat jij de schat gevonden hebt.

Eén van de mooiste schatten die ik ooit bij mijzelf ontdekte, was de schat achter verveling. Zolang als ik me kan herinneren, werd ik geplaagd door een gevoel van verveling. Van kinds af aan tot een paar jaar geleden heb ik mij vrijwel dagelijks soms urenlang verveeld. Totdat ik besloot het gevoel van verveling te ontvangen.

Twee weken was ik dagelijks een uur lang aan het spelen met mijn verveling. Ik ging in het gevoel, overdreef het en maakte geluiden. Tot mijn verbazing ontwikkelde het zich na enkele dagen tot een soort eentonig Tibetaans monnikengezang, tot een vorm van meditatie. Toen ontdekte ik hoe verrukkelijk verveling was. Het bleek een verdrongen behoefte aan stilte en inkeer. Sindsdien heb ik me nooit meer verveeld.

Zodra je de verborgen kwaliteit gevonden en je eigen gemaakt hebt, verdwijnt de oorspronkelijke onaangename emotie uit je leven. En op wonderbaarlijke wijze lossen nu ook de ongewenste omstandigheden die er aanleiding toe gaven als vanzelf op.

Zolang je bezig bent de oorzaken van je negatieve emoties te bestrijden, negeer je de schat. Als je hem zoekt en vindt, verdwijnen de oorzaken. Je kunt de mensen en omstandigheden die jou die onaangename emoties bezorgen, daar zelfs dankbaar voor zijn, want zij bieden je telkens de gelegenheid om belangrijke, verborgen gebleven kwaliteiten tot leven te wekken.

Verveling bracht mij meditatie, woede schonk mij zelfrespect en angst leerde mij te genieten van het avontuur. Zo ontdekte ik dat machteloosheid de kwaliteit van overgave verhult, vermoeidheid je naar ontspanning leidt en verdriet lust kan verbergen. Ook stress, eenzaamheid, zorg, haast, verlegenheid, je niet begrepen voelen, lusteloosheid, onzekerheid en het niet kunnen schrijven, verbergen een kwaliteit. Maar het is niet in jouw belang dat ik je hier alle schatten verraad.

Het is de persoonlijke ervaring en niet het inzicht op zichzelf, die tot een wezenlijke verandering leidt. Doorleef je eigen onaangename emoties en ontdek wat voor moois ze voor jou kunnen betekenen.

Stop met denken, praten en klagen over de veroorzakers van je slechte stemmingen. Stop met klagen over je opvoeders. Natuurlijk heb je al die ellende vroeger opgelopen. Kijk eens naar Toon Hermans, een kunstenaar in het ontvangen en bewust herleven van oude onaangename gevoelens. Zie hoe hij, door het in het openbaar te spelen, oud zeer transformeert in warmte en mededogen en ervaar hoe ontspannend dat is.

Verwelkom negatieve stemmingen en speel ermee. Deel het met anderen en laat ze erom lachen. Merk hoe het spel met je emoties je ontspant en je naar een bron van innerlijke rust en zelfvertrouwen leidt en ervaar wat je stemming je te vertellen heeft over de kwaliteit van het leven dat je werkelijk wenst.

Hoofdstuk 7

Het tweede huis
Stiltewerk

Stiltewerk, het spirituele deel van het creatieproces. De emoties zijn geleefd. Je bent tot rust gekomen. De tijd is rijp voor een reis naar binnen. Als alle turbulentie van het heden is losgelaten, ben je klaar om de vormloze stilte in jezelf te ontmoeten. Het is een tijd van inkeer en van meditatie. Je bent in dit gebied alleen en helemaal op jezelf aangewezen.

In stilte maak je contact met je diepste verlangen, je ware zelf, je bestemming, de minst grijpbare fase van ieder nieuw creatieproces. Zonder te oordelen of veroordelen maak je kennis met je eigen verlangens, ontvang je je wensen.

Vervolgens kun je die wensen in alle rust vertalen in een concreet zintuiglijk waarneembare gestalte. Vanuit de jou gegeven wens ontwerp je de vorm waarin je deze wilt gaan beleven, het meest scheppende deel van het creatieproces.

Het hele proces van inkeer, contact maken met je verlangen en het hieraan denkbeeldig vormgeven, beleef je het gemakkelijkst met je ogen en oren dicht. Je gebruikt je zintuigen niet om waar te nemen wat er nu buiten je is maar om van binnenuit iets nieuws te creëren. Behalve jezelf en innerlijke rust heb je er niets of niemand bij nodig.

De eerste stap in het stiltewerk heet ontspannen. Ontspannen is overigens een verhullende term omdat hij alleen maar aangeeft wat je in deze fase vooral niet moet doen, namelijk spannen. Door te zeggen wat iemand niet moet doen, riskeer je hem op verkeerde gedachten te brengen. Ontspannen in de creatiespiraal betekent bijvoorbeeld niet "lekker uitgaan en een borrel pakken" maar alle aandacht, je bewustzijn naar binnen richten.

In het vorige werkgebied, het emotiewerk, gebruikte je het waarnemen van je onaangename emoties als middel om met je aandacht binnen jezelf te zijn maar er zijn ook andere (meditatie)technieken die je de weg naar je innerlijke belevingswereld kunnen wijzen. Vooral in de oosterse culturen is op dit gebied veel geëxperimenteerd. Yoga, transcendente meditatie, tantra, trance-dans, ademhalingsoefeningen, maar ook het betreden van een kerk, het aanschouwen van een landschap en het luisteren naar muziek kan tot diepe inkeer leiden.

Meditatietechnieken vind je in alle vormen en soorten. Eén ding hebben ze echter gemeen. Op de een of andere manier gebruiken ze allemaal het bewust gewaar zijn als middel om de weg naar binnen te vinden. In feite kun je elke willekeurige gewaarwording als aandachtspunt en startpunt gebruiken om in contact te komen met je innerlijk universum.

Een eenvoudige en veel gebruikte ontspanningstechniek gaat als volgt: Zorg voor een rustige ruimte, sluit je ogen, laat zijn en voel wat is.

Hoe voelen je voeten en je benen? Hoe is het nu in je buik, je rug, je schouders, je armen en handen, je hals, hoofd en gelaat. Ontspanning is niet iets dat je kunt doen, je kunt het alleen maar toelaten. Maar is dat wel zo? Je kunt je aandacht bewust richten op het gewaar zijn van spanning en die focus leidt als vanzelf naar ontspanning. Je armen worden zwaar, je voeten worden zwaar, je lichaam ontspant zich.

Ga met je aandacht naar je ademhaling. Ervaar de energie die je telkens weer opneemt en wees je bewust van de door jou verrijkte lucht die je telkens weer afstaat. Ontspannen, zoals het in de creatiespiraal bedoeld wordt, is een activiteit. Geen activiteit in de zin van sporten of recreëren maar in de zin van het bewust, willens en wetens bereiken van een ontspannen bewustzijnstoestand.

De diepste staat van ontspanning die de meeste mensen bij vol bewustzijn kunnen bereiken, is een bewustzijnstoestand ergens halverwege waken en slapen. In medische termen wordt deze toestand de alfatoestand genoemd. Ze is meetbaar aan de hand van onze hersengolffrequentie.

Alvorens een nieuwe creatiecyclus te beginnen, trekt de mens zich terug in zijn binnenwereld, net zoals de fruitboom zich voor het begin van de winter terugtrekt in zijn wortels.

Eenmaal daar aangeland is het tijd om jezelf vragen te stellen als "Wat verlang ik eigenlijk? Wat wil ik met mijn leven?" maar ook "Waar heb ik op dit moment zin in?" Welke verlangens ontdek je als je bij jezelf naar binnen kijkt, welke wensen leven er in jou?

Probeer je, los van de buitenwereld, bewust te worden van wat jij wilt. Wat trekt jou aan, wat boeit je? Wat wil je krijgen en wat wil je geven? Wat wil je beleven en wat wil je voor anderen betekenen en wat wil je uiteindelijk achterlaten als je straks weer gaat? Probeer je te herinneren waarvoor je gekomen bent. Ken je de wensdroom nog die je als kind over je eigen toekomst had? Wat was de essentie van die droom? Wat was de kwaliteit die je daarmee aan je leven wilde geven?

Een manier om te achterhalen wat je werkelijk wenst, is jezelf af te vragen welke thematiek of welke problematiek steeds opnieuw je aandacht vraagt. Welk thema steekt in jouw leven telkens weer de kop op? Beschouw dit als een verwijzing naar je verlangen om bij te dragen aan een wereld waarin met dat thema iets positiefs, iets moois gebeurt. Wees daarbij vooral niet te bescheiden maar laat jezelf gaan. "Je bewijst de wereld geen dienst door jezelf als onbelangrijk voor te doen."[1]

Maar zijn er dan geen irreële wensen? Ja natuurlijk, iedereen kan irreële wensen bedenken. Je wilt op eigen kracht leren vliegen, een supermarkt op de maan openen of op de Dam in Amsterdam een ecologische boerderij beginnen. Je kunt oneindig veel irreële wensen bedenken.

Maar in al die jaren dat ik met de creatiespiraal werk, ben ik nog nooit iemand tegengekomen die zelf een irreële wens had. Ik heb geen (wetenschappelijke) verklaring waarom wensen altijd leven bij mensen die ook de potentie hebben om die wensen te realiseren, maar ik heb wel de ervaring dat het zo is.

Sommige mensen hebben heel grote en moeilijk realiseerbare wensen. Wensen die om een jarenlange, misschien wel levenslange inzet vragen. Maar werkelijk onhaalbaar zijn ze nooit. Keer op keer blijkt dat de wensen van mensen ook echt bij die mensen passen.

God, het universum of de natuur heeft zich bij het uitdelen van de wensen kennelijk niet vergist. Je wensen zijn geen willekeur, geen vergissing. Of in natuurkundige termen gesproken, als er bij iemand een wens leeft, bestaat noodzakelijkerwijs ook ergens de werkelijkheid waarin die wens gerealiseerd is. Het is als materie en antimaterie. Wens en werkelijkheid kunnen niet zonder elkaar bestaan, ze zoeken elkaar. Zodra ze elkaar ontmoeten, gaan ze in elkaar op.

En als je nu de loterij wilt winnen? Die kan toch niet door iedereen gewonnen worden? Wat wens je eigenlijk als je de loterij wilt winnen? Lijkt het je werkelijk te gek een berg geld op je bankrekening te hebben? Of denk je misschien "Als ik dat geld zou winnen, zou ik daarna precies gaan doen waar ik echt zin in heb." Maar waar heb je dan eigenlijk zin in? Waarom eerst een hoop geld winnen en pas daarna gaan werken aan de realisatie van wat je wenst?

Het verlangen om de loterij te winnen, ontstaat omdat je niet gelooft in je vermogen om op eigen kracht je eigen wensen te kunnen realiseren. Het is een manier om het werken aan de realisatie van wat je werkelijk wenst uit te stellen. De loterij nog niet gewonnen te hebben, wordt een excuus om niet in actie te hoeven komen. Gok niet, speel op zeker, visualiseer vandaag nog een wereld die precies is zoals jij die wenst te beleven.

Zo is het ook met het verlangen naar een goede gezondheid. Zowel een berg geld, als een goede gezondheid, zijn geen op zichzelf staande verlangens maar voorwaarden waaraan voldaan moet zijn om je diepere verlangens, je werkelijke bestemming, te kunnen vervullen.

Wil je schatrijk, gezond en gelukkig zijn, dan kun je je het best afvragen welke wensen je daarmee wilt realiseren. Ga vervolgens met die wensen aan de slag en geniet onderweg van je geluk, welvaart en gezondheid.

Mensen die ernstig ziek zijn of een zware operatie achter de rug hebben, herstellen sneller als ze naast hun verlangen naar een goede gezondheid een doel hebben, iets waarvoor ze willen leven. Iemand die, behalve zijn eigen gezondheid, geen wensen meer heeft, is op weg naar een afscheid. Dat kan een tevreden loslaten zijn maar ook voortvloeien uit een hopeloos opgeven.

Zelf heb ik de indruk dat als ik mijn wensen enige tijd negeer, mijn lichaam signalen geeft en even daarna ziek wordt, terwijl als ik oprecht naar mijn innerlijke wensen leef, mijn lichaam sterk, soepel en gezond blijft.

Ik wil niet beweren dat ziekte altijd veroorzaakt wordt door het negeren van de eigen verlangens. Maar wel dat het negeren van die verlangens de kans op het ontstaan van gezondheidsproblemen aanzienlijk vergroot.

Het lijkt er op dat een ziekte een uitnodiging is om even een pas op de plaats te maken. Je te bezinnen op de vraag waar je eigenlijk mee bezig bent, iets te doen aan stiltewerk. Een poging van je lichaam om je terug te brengen op het spoor van je werkelijke verlangens, jouw bestemming. Edoch een goede gezondheid op zichzelf is niemands levensbestemming.

Je hebt voldoende tijd om in de loop van je leven al je wensen te realiseren. Doch als jij je werkelijke wensen jarenlang negeert, verdwijnen op den duur natuurlijk ook de mogelijkheden om ze te realiseren. Je kunt een wens die je vroeger had en die je toen hebt laten liggen nu misschien niet meer vervullen. Je krijgt echter wel telkens opnieuw de kans. Want met de jaren ontwikkelen zich ook je wensen. Als je bereid bent op dit moment oprecht te kijken naar wat je werkelijk verlangt, zul je ontdekken dat het ongeacht je leeftijd, je gezondheid of welke omstandigheden dan ook nog steeds mogelijk is om je meest wezenlijke wensen te vervullen.

Wij leven in een cultuur die al eeuwenlang een wantrouwende houding jegens de eigen verlangens predikt. Verlangens kunnen zondig, ongezond, egoïstisch, materialistisch en te idealistisch zijn. Wie zijn verlangens volgt zou wel eens voor nu en voor altijd gestraft kunnen worden. Deze diep ingewortelde angst belemmert een vrij zicht op de eigen verlangens. Wie zijn verlangens wantrouwt, is daarmee het vermogen om zichzelf te besturen kwijt en is manipuleerbaar.

Wie zijn verlangens blijft negeren, veroordelen of corrigeren, is als een appelboom die blijft proberen peren, kersen of bananen te maken. Hij krijgt een zwaar leven met vele teleurstellingen, veel ergernis en veel pijn.

Wie zijn wensen negeert, merkt dat onder andere aan het feit dat hij zich steeds vaker ergert.[9] Als jij een wens, een kwaliteit die wel op je pad ligt, niet leeft of ontwikkelt dan erger je je aan mensen die dat wat jij alsmaar achterwege laat, op een vanzelfsprekende, nonchalante of grove manier gewoon wel doen.

Wie bijvoorbeeld de leiding wenst te nemen maar het niet doet, ergert zich aan autoritair gedrag. Wie meer op de voorgrond zou willen treden en het niet doet, ergert zich aan mensen die zichzelf telkens naar voren schuiven. Wie moeilijk zijn grenzen aangeeft maar dat wel zou willen doen, ergert zich waarschijnlijk aan rode stoplichten. Ik zou een heel boek kunnen vullen met verhalen over ergernissen die verwijzen naar genegeerde verlangens.

Ook als mensen zich aan jou ergeren, duidt dat op wensen en kwaliteiten die je niet ten volle leeft. Als jij inderdaad je wens om leiding te geven, naar voren te treden of duidelijk je grenzen aan te geven inhoudt, dan bouw je binnen jezelf meer en meer aandrang op om die wens toch tot werkelijkheid te brengen. Je leeft als het ware op een vulkaan. Er zal vroeger of later een moment komen waarop de vulkaan tot uitbarsting komt. Dan kom je op een grove, onbeheerste manier met die kant van jezelf naar buiten. Je wordt autoritair, treedt op een onbeholpen manier naar voren en springt op rood. Je explodeert. Dat zal leiden tot negatieve reacties in je omgeving. Een nieuwe reden om die wens, die kwaliteit opnieuw te onderdrukken.

Wees gewoon wie je wenst te zijn, kom er voor uit dat je zo bent en ontdek hoezeer je gewaardeerd en gerespecteerd wordt wanneer je leeft als degene die je wenst te zijn, in plaats van degene die je geleerd hebt te zijn. Ontvang je wensen als een geschenk, een belofte, een aanwijzing, een opdracht en ga ermee aan de slag.

Waar onze wensen vandaan komen, weten we niet. Het is net als bij de ontwikkeling van een foetus. Waarom voelt de ene cel zich geroepen tot de ene taak terwijl een andere cel zich geroepen voelt tot een andere taak? Alle cellen dragen in hun kern hetzelfde DNA. Toch heeft iedere cel daarnaast een bij aanvang chemisch en biologisch onzichtbare eigen bestemming. Iedere cel handelt tijdens de ontwikkeling van de foetus naar zijn eigen roeping en vraagt zich niet af of dat wel goed is, hij corrigeert in ieder geval zijn eigen bestemming niet. Juist door de overgave van iedere individuele cel aan zichzelf kan een goed functionerend lichaam ontstaan.

Ontdek wat je voor anderen wilt betekenen en wat je daarvoor wilt krijgen. Ontdek dat daar waar al je wensen vervuld zijn egoïsme en altruïsme in elkaar vloeien. Jouw verlangens, jouw wensen horen bij jou. Je kreeg ze, je bedacht ze niet. Je mag er iets mee in dit leven. Het zegt iets over de zin, de bestemming van je leven. Het is aan jou om het je te herinneren en ernaar te leven.

En als je nou kinderen wilt krijgen maar je bent niet vruchtbaar? Ondanks de medisch-technische ontwikkelingen kan niet ieder paar samen kinderen krijgen. Wat moet iemand met een kinderwens als die niet vervulbaar blijkt? Bestaan er dan toch irreële wensen?

Bij iedere wens die je in jezelf tegenkomt, kun je de vraag stellen "Wat krijg ik als ik deze wens in deze vorm realiseer?" Met andere woorden "Wat zoek ik eigenlijk met de realisatie van deze wens?"

Het voordeel van die vraag is dat hij je dwingt op een dieper niveau na te gaan wat de essentie van je wens is. Misschien verwacht je met het krijgen van kinderen een warme, liefdevolle, huiselijke situatie te creëren. Misschien verlang je ernaar jonge kinderen te zien opgroeien en ze te mogen begeleiden in hun ontwikkeling of zoek je naar een intens gevoel van verbondenheid met het leven.

Door te kijken naar het verlangen achter je wensen ontdek je wat je werkelijk wenst en ontdek je of je wens niet alleen maar een middel is om te komen waar je werkelijk wilt zijn. Vaak blijkt dat datgene wat je echt wenst ook op andere manieren te vervullen is. Kijk altijd naar de wens achter je wens en vraag je af of je hem per se in deze specifieke vorm wilt beleven. Misschien kun je een andere vorm bedenken die eenvoudiger te realiseren is of begin je liever direct aan de realisatie van de wens achter je wens.

Toch moet je ook een beetje voorzichtig zijn met het zoeken naar het diepere verlangen achter je wensen. Je kunt je verlangens ook te snel beoordelen, ten onrechte veroordelen en daardoor misvormen.

Stel, je wilt beroemd worden en je vraagt je af waarom je dat zou doen. Waarom moet jij zo nodig beroemd worden? Wat is eigenlijk de essentie van die wens? Ben je niet te veel met je ego bezig? Kun je beroemd worden niet gewoon overslaan? Terwijl het heel goed mogelijk is dat je een relevante boodschap hebt en dat beroemd worden alleen maar een weg is om het werk te kunnen doen waartoe je geroepen bent. Je vervult je wensen niet alleen voor jezelf, je vervult daarmee ook altijd een taak voor het geheel.

Dat geheel kun je echter niet overzien en je weet ook niet hoe de werkelijkheid zich in de tijd ontwikkelt. Je kent de achtergronden van je eigen verlangens niet. Je hebt ook eigenlijk helemaal geen andere keus dan er, zonder rationele grondslag, al dan niet op te vertrouwen dat je wensen je een zinvolle richting wijzen. Je kunt meestal pas achteraf zien waarom bepaalde verlangens op een bepaald moment in je leven kwamen.

Beoordeel je wensen niet maar vraag je wel af of ze echt van jou zijn of ze je niet zijn aangepraat en of je ze echt wilt beleven. Laat een wens alleen maar los als je zeker weet dat het slechts een middel is om te komen waar je werkelijk wilt zijn.

Neem je wensen serieus. Als het contact met je eigen wensen verstoord is door invloeden van buitenaf, doet dat afbreuk aan de nauwkeurigheid van je eigen besturing. Synchroniciteit, het verschijnsel dat je geregeld de juiste mensen en de juiste zaken op het juiste moment tegenkomt, kan alleen optreden als je bereid bent je door de verlangens uit je innerlijk universum te laten sturen, zonder vooraf te weten waarom juist die verlangens op dit moment bij je boven komen.

Ga echter wel na of je wensen niet zijn ontstaan vanuit onvrede, boosheid, angst of een andere negatieve stemming. Wensen die niet vanuit de stilte in jezelf maar vanuit een negatieve stemming ontstaan, zullen geen constructieve maar destructieve gevolgen hebben.

Hitlers verlangen naar een Verenigd Europa was op zichzelf niet ongezond maar de paranoia waarmee zijn verlangen naar macht gepaard ging, leidde tot een ramp. Ieder verlangen naar macht, bezit en contact dat gepaard gaat met een gevoel van angst, woede, schuld, schaamte enzovoorts, zal leiden tot machtsmisbruik, negatieve afhankelijkheid, arrogantie of hebberigheid.

Als een verlangen echter in een positieve stemming ontstaat en je weet bovendien zeker dat het uit jezelf voortkomt, dan is het er om door jou gerealiseerd te worden.

En hoe zit het als jij haar wilt en zij wil een ander? De creatiespiraal is geen instrument om anderen naar je hand te zetten. Het is een instrument om je eigen passie te realiseren. Als jij op haar valt en zij niet op jou, gebruik dan het wensbeeld dat ze bij jou gewekt heeft. Fantaseer en visualiseer maar laat even in het midden wie precies de gelukkige is waarmee je die vreugde gaat delen.

Bijt jezelf niet vast in een ongelukkige relatie. Probeer de ander niet te dwingen. Je wilt toch een partner die ook naar jou verlangt en toch niet iemand die je met veel pijn en moeite hebt weten over te halen? Geloof en volhard, degene die jij wenst, is iemand die jou wenst, precies zoals je bent.

Hetzelfde geldt voor het vinden van een huis, een baan of een leuke opdracht. Je ziet een ideaal gelegen schitterend huis. Ga niet proberen de huidige bewoners eruit te pesten maar gebruik je vondst als inspiratiebron voor het visualiseren van de ideale woning die ergens voor jou beschikbaar is. Visualiseer de ideale werkgever die ook behoefte heeft aan wat jij te bieden hebt.

De creatiespiraal is er niet om met veel kracht en inspanning de werkelijkheid in de door jou gewenste richting te forceren. Neen, het is een ontdekking die laat zien dat als je in blijde verwachting durft te zijn van hetgeen je werkelijk verlangt en je ondertussen alert en soepel meestroomt met wat gaande is, je uiteindelijk altijd zult krijgen waar je nu zo hartstochtelijk naar verlangt.

Verlangens zijn in het begin nog vaag en abstract, ze hebben nog geen concrete vorm. Je wenst een geliefde, je wilt leidinggeven, je wilt ontdekker zijn. Wat je wilt ontdekken, waaraan je leiding wilt geven of wat je dan met je geliefde wilt, weet je nog niet precies. Dat is de vorm waarin je verlangen later stoffelijk gestalte krijgt. Verlangen zelf is meer een kleur, een smaak, een timbre, een geur, een gevoel.

Als je met je verlangens in abstracte hogere sferen blijft en weigert je op het niveau van het stoffelijke te begeven, dan zul je ze nooit beleven. Als je weet wat je verlangt, is de volgende stap het verbeelden. Je staat voor de opgave om aan je verlangen concreet vorm te geven. Dat is een creatief proces waarbij je met behulp van oude, jou reeds bekende ingrediënten een nieuwe denkbeeldige werkelijkheid ontwerpt die kwalitatief zoveel mogelijk tegemoet komt aan de werkelijkheid die je verlangt.

Je verlangen is bijvoorbeeld vrijheid en je verbeeldt je een verre reis, je verlangen is geborgenheid en liefde en je verbeeldt jezelf gehuwd, en met kinderen. Jij bent niet de schepper van je verlangen maar wel de schepper van de uiterlijke gedaante waarin je dat verlangen vorm geeft. Je krijgt als schepper niet de ruimte je verlangen te kiezen maar wel om het jou geschonken verlangen naar eigen keus vorm te geven. Een vorm die zich in de loop van je leven zal ontwikkelen en steeds beter zal aansluiten bij de essentie van jouw verlangen.

Je weet wat je wenst en je bent er regelmatig over aan het dagdromen. Je bent in de fase van het verbeelden ofwel het visualiseren aangeland. In deel I spraken we over de geheimzinnigheid van het geloven en de magie van het plannen. Visualiseren vind ik de meest wonderbaarlijke stap in het creatieproces.

Nog steeds in ontspannen toestand, in de alfatoestand, creëer je met gesloten ogen een virtuele werkelijkheid, de werkelijkheid van je verlangen. Het is alsof je een reis in de tijd maakt. Ergens in de toekomst zet je de door jou gewenste werkelijkheid neer. Je ziet het, je hoort het, je proeft, ruikt en voelt het. Op dat moment bestaat het voor jou.

Je zendt je wensbeelden uit in de kinderlijke veronderstelling dat dit zin heeft. Je maakt de wereld zwanger van jouw ideaal. Het is alsof je de materie bevrucht met jouw wensbeeld.

Wat is visualiseren eigenlijk? Hypnotiseer je jezelf? Of hypnotiseer je de werkelijkheid? Hoe doe je dat, het creëren van een denkbeeldige werkelijkheid? Ik bedoel, ieder mens kan het, iedereen kan fantaseren maar wat doe je als je fantaseert? Fantaseren is niet hetzelfde als denken. Denken gaat gepaard met woorden, met opvattingen, met berekeningen, met vragen en antwoorden. Fantaseren doe je door het creëren van virtuele zintuiglijke impressies. Maar waar zijn dan die impressies? Want ze zijn er niet echt.

Verbeelden speelt zich volgens de driedeling van de creatiespiraal niet af in de geest maar in de ziel. Visualisatietechnieken kom je dan ook niet tegen in de wereld van het denken maar wel in relatie met meditatietechnieken. Zowel mediteren als visualiseren doe je op zijn best in een staat van diepe ontspanning.

Tijdens een meditatie gebruik je je zintuigen om innerlijk waar te nemen, bij het visualiseren gebruik je ze om van binnen uit te creëren. Tijdens de visualisatie vindt de conceptie plaats, het is de scheppingsdaad. "God wenste, visualiseerde, geloofde, opende de ogen en zag dat het goed was."

Visualiseren betekent dat je uit alle mogelijke werkelijkheden er één kiest en die tot leven wekt. Visualiseren doe je dan ook in het volstrekt irrationele vertrouwen dat wat je je thans verbeeldt er straks ook feitelijk zal zijn.

Wat doet de golfer als hij aan het spelen is? Rekent hij uit hoe hard hij moet slaan of kijkt hij ontspannen maar volledig geconcentreerd zijn balletje het gaatje in en laat hij het verder aan zijn lichaam en geest over om na te gaan hoe hard er precies geslagen moet worden?

Er is veel over visualisatietechnieken geschreven. Je kunt je er heel goed in (laten) scholen. In dit boek wil ik mij echter beperken tot het beschrijven van een eenvoudige visualisatietechniek.

Stap 1: Kies uit je wensdroom drie heel concrete momenten of aspecten die je op papier tot in detail beschrijft en uittekent. Stel, je verlangt een huis. Je ontwerpt een beeld van het vooraanzicht, een plaatje van de woonkamer met uitzicht en een doorkijkje vanuit de slaapkamer naar de badkamer. Of als je verlangen een nieuwe baan betreft, kies je voor een inspirerend overleg met collega's, je ziet jezelf lekker aan het werk en geniet van de waardering die blijkt uit je royale salaris. Kortom, drie plaatjes die elk voor zich één voor jou belangrijk aspect belichten van de gerealiseerde wens.

Stap 2: Gedurende twee weken breng je jezelf iedere ochtend en avond, voor en na het slapen in een staat van bewuste en diepe ontspanning. Gebruik daarvoor eventueel een ontspannigscassette. Zodra je in die bewuste ontspanning bent, begin je met het één voor één inprenten van de in stap 1 ontworpen ideaalbeelden. Gebruik daarbij al je zintuigen. Je zult overigens merken dat het bijzonder moeilijk is om de motivatie en het geduld voor deze stap op te brengen als de beelden die je visualiseert niet helder zijn, niet aantrekkelijk zijn of niet overeenkomen met wat je werkelijk wenst.

Stap 3: Als wensbeelden aanslaan, je er als het ware zwanger van bent, merk je dat aan het feit dat je je zo'n beeld op elk moment zo voor de geest kunt halen. Je verkeert nu in een staat van blijde verwachting. Voor zover die staat bedreigd wordt door innerlijke twijfels en ogenschijnlijke uiterlijke barrières, is de tijd nu rijp voor positief denkwerk.

Hoofdstuk 8

Het derde huis
Positief denkwerk

Als je enige tijd met fantaseren en visualiseren bezig bent, krijgt je wensdroom een steeds vastomlijnder karakter. Het begon met een gevoel van verlangen, het werden drie tastbare beelden, nu wordt het een heldere concrete visie op de toekomst. De architect maakt zijn eerste schetsen, de ondernemer beschrijft zijn nieuwe project, de geliefden fantaseren over de details van hun gezamenlijke toekomst en de schrijver heeft een idee waar zijn nieuwe boek over zal gaan.

Het visualiseren van wensbeelden leidt echter, behalve tot een gevoel van blijde verwachting, meestal ook tot het wekken van alle mogelijke twijfels, negatieve gedachten en onaangename gevoelens over de haalbaarheid van die wensbeelden. Door heel concreet te gaan fantaseren wat je op die schitterende reis of die ideale plek allemaal gaat beleven, voel je ook heel duidelijk waarom het niet kan of waarom het niet mag.

Visualiseren is onder andere zo nuttig omdat je je daardoor bewust kunt worden van alle storende elementen die er in je geest ronddwalen, zaken die jou ervan weerhouden die wensbeelden ook daadwerkelijk te realiseren. Het is een techniek om alle beelden, gevoelens en opvattingen die jou op weg naar succes hinderen, naar de oppervlakte te halen. Het is als het ware vissen naar twijfels. Je die twijfels bewust maken is noodzakelijk om ze daarna ook bewust te kunnen uitschakelen.

Alle twijfels die bewust of onbewust in je geest achterblijven, zijn schadelijk voor je kansen op succes. Als je diep van binnen denkt dat je wensen, om welke reden dan ook, niet haalbaar zijn, zul je je er ook nooit voor de volle honderd procent voor inzetten.

Een psychologisch wetenschapper deed ooit een onderzoek naar de realiteitszin van pessimisten en optimisten. Hij kwam tot de conclusie dat pessimisten heel wat realistischer waren dan optimisten. Hij gaf beide groepen de gelegenheid enige tijd met een gokkast te spelen. De optimisten verklaarden dat het hen op den duur steeds beter afging, terwijl de pessimisten beweerden dat ze niets opschoten. De feiten toonden aan dat de pessimisten gelijk hadden en de optimisten zichzelf voor de gek hielden.

Toen diezelfde twee groepen echter aan een andere gokkast werden gezet, waarop het wel degelijk mogelijk was enige behendigheid te ontwikkelen, bleek dat de optimisten die kunst veel sneller onder de knie kregen dan de pessimisten. Met andere woorden, een pessimist heeft gelijk en een optimist succes. Het is maar net wat je het liefste hebt.

Wil je succes, voed je geest dan met heldere beelden en positieve verwachtingen. Maak haar ontvankelijk, opdat de door de visualisatie gecreëerde staat van blijde verwachting kan uitgroeien tot een groot succes.

Na de heftige emoties en de spirituele stilte komen we nu in een fase van logisch en berekenend positief denkwerk. Deze fase kent drie stadia: Ten eerste je wensdroom langzaam maar zeker vertalen in een concrete doelstelling. Ten tweede zorgen voor een positieve mentale conditie. Ten derde met overtuigingskracht en zelfvertrouwen de wereld met jouw wensen tegemoet treden.

Positief denken heeft voor veel mensen iets geforceerds. Je negeert eigenlijk dat wat is en overschreeuwt het willens en wetens met een leugen. Je loopt over gloeiende kolen en zegt alsmaar "Koel mos, koel mos, koel mos." Je geeft als jou dat zo uitkomt je eigen mening op en ruilt haar in voor een opvatting die ondersteunend is voor de realisatie van wat je wenst.

Die aanpak ervaren sommigen als een oneigenlijk gebruik van je denkvermogen, als hocus-pocus. Daarom worden positieve denkers en motivators zo vaak gewantrouwd. Als je echter eenmaal gewend bent het leven naar je huidige opvattingen te verruilen voor een leven naar je diepste verlangens, dan ontdek je hoe natuurlijk dat is. Je brein wordt dienstbaar aan je verlangen. Je zet je mentale wilskracht in om de werkelijkheid waar je in leeft naar je wens gestalte te geven. De leiding over je leven gaat van je verwachtingen naar je bestemming. Je ziel neemt het stuur over van je brein.

Je weet waarschijnlijk uit ervaring – en inmiddels is door (medisch)wetenschappelijk onderzoek komen vast te staan – dat wat je gelooft, van invloed is op dat wat zich in je leven daadwerkelijk afspeelt. Men spreekt van placebo-effect, van 'selffullfilling prophecies', de invloed van zelfvertrouwen of van gedachtekracht. Het komt altijd op hetzelfde neer, namelijk dat je verwachtingen de neiging hebben om zich ook daadwerkelijk te concretiseren.

Wie bijvoorbeeld verwacht niet gerespecteerd, niet begrepen of niet geliefd te zullen worden, maakt ook daadwerkelijk minder kans om met respect behandeld, goed begrepen of bemind te worden.

Over de geheimzinnige kracht van het geloven is veel geschreven. Ik vermoed echter dat die zo geheimzinnig aandoende kracht niets meer of minder is dan een schijnkracht ofwel een weerspiegeling van onze voortdurende behoefte om altijd maar weer gelijk te krijgen.

Als wij ons brein beschouwen als een computer met één belangrijke kerntaak en die is "Zorg ervoor dat ik, als het maar even kan, altijd zelf gelijk krijg", dan worden, behalve de verschijnselen 'selffullfilling prophecies', placebo-effect en gedachtekracht, ook tal van andere menselijke gedragingen ineens volkomen duidelijk.

Wij mensen zijn bijzonder gehecht aan ons eigen gelijk. Het is bijvoorbeeld moeilijk met iemand van gedachten te wisselen als je hem niet eerst gelijk geeft. Je luistert en zegt: "Ja, je hebt gelijk maar ik heb een beter gelijk." Want als je tegen iemand zegt dat hij geen gelijk heeft, zeg je eigenlijk dat zijn brein niet goed genoeg is om voor zijn eigen gelijk te zorgen. Je daagt hem daarmee uit te bewijzen dat hij toch gelijk heeft. Er ontstaat een discussie waarbij twee breinen vechten om het grootste gelijk en uiteindelijk beiden nog steeds het gevoel hebben dat het eigen gelijk toch het beste gelijk is.

Mensen die menen iets niet te kunnen, bewijzen meestal in de praktijk dat ook echt niet te kunnen. Wie denkt dat er niemand van hem houdt, krijgt de anderen waarschijnlijk wel zover en als het een keer mislukt en iemand zegt: "Ik hou van jou." dan reageer je gewoon met: "Wat moet je van me?" We zijn tenslotte niet voor één gat te vangen.

Als het je al niet lukt om zelf je gelijk te realiseren, kun je altijd nog proberen de werkelijkheid zo te interpreteren dat jij eigenlijk toch gelijk hebt. Mensen zijn zelfs bereid te doden en te sterven voor hun gelijk. Zoals bij een sekte die voor een bepaalde datum het einde van de wereld voorspelt. Het dreigt niet door te gaan en men staat voor de keuze een goede smoes te bedenken of collectief zelfmoord te plegen. Gewoon zeggen dat je je vergist hebt, is niet altijd even gemakkelijk.

Je brein is niet onfeilbaar. Soms lukt het je echt niet om gelijk te krijgen en lukt het je ook niet er zo'n draai aan te geven dat je eigenlijk toch gelijk had. Daarom werkt geloven dus ook niet altijd. Geloven is geen garantie voor succes. Je geneest niet van ieder snoepje en je wint niet iedere wedstrijd, ook al geloof je erin. Maar de kans dat je van een snoepje geneest of die wedstrijd wint, is wel groter als je gelooft in de geneeskundige werking ervan of gelooft in je capaciteiten als sporter.

Geloven is weliswaar geen garantie maar wel bijzonder bevorderlijk voor je kansen op succes. Terwijl niet geloven, van mening zijn dat het waarschijnlijk toch niet gaat lukken, de kans op mislukken aanzienlijk bevordert. De macht en de onmacht van geloven is niets anders dan de macht en de onmacht van het eigen gelijk.

Het menselijk brein is eropuit het lichaam dat het bestuurt zodanig te manipuleren, dat daarmee de bevestiging wordt verkregen van de opvattingen waarmee dat brein gevoed is. Je brein is in dit opzicht 'rücksichtslos'. Het poogt koste wat kost zijn eigen verwachtingen te realiseren, terwijl jijzelf veel liever je verlangens vervuld zou zien. Je krijgt dus eerder wat je verwacht dan wat je wenst. Precies daarom komen onze wensen zo vaak niet uit.

Geloven, positief denken betekent dat je je geest reinigt van twijfels en andere niet steunende denkbeelden om daarmee de kans op het welslagen van je wensen te bevorderen. Dit betekent dat je voor de enigszins tegennatuurlijke opgave staat je twijfels en andere onwenselijke denkbeelden te vervangen door nieuwe positieve opvattingen, door geloof. En dit, terwijl je brein nogal gehecht is aan zijn gelijk.

Het komt er in deze fase van het proces dus op aan de vanzelfsprekende macht van je eigen gelijk te doorbreken en te vervangen door een gelijk dat dienstbaar is aan je wensen. In plaats van te denken “Als ik nee zeg, krijg ik vast ruzie.” prent je jezelf in “Als ik nee zeg, word ik daar om gerespecteerd en oogst ik waardering.”

Pas je verlangens niet langer aan, aan wat volgens jou realistisch is, aan je mening over wat wel en niet haalbaar is. Maar pas je mening over wat haalbaar is aan, aan wat je wenst. Op die manier gebruik je het ‘rücksichtslose’ karakter van je brein in je eigen voordeel. “Als ik ga doen waar ik zin heb, verdien ik helemaal niets meer.” vervang je bijvoorbeeld door “Ik word het best betaald voor wat ik het liefste doe.”

De creatiespiraal vervangt het gezag van je gelijk door het gezag van je verlangen, het gezag van je bestemming. Gebruik je verstand om te krijgen wat je wenst in plaats van te krijgen wat je verwacht.

Maak een schets of een beschrijving van de door jou gewenste werkelijkheid. Formuleer positief. Wees concreet, schrijf niet "Ik ben gelukkig." maar vertel hoe je leeft en waaraan je je geluk beleeft. Wees gedetailleerd, doch laat tegelijkertijd alle details die wat jou betreft niet relevant zijn in het midden. Beschrijf je voltooide wens en geen planning of een routebeschrijving op weg naar de realisatie van die wens. Houd de beschrijving ook anoniem, tenzij je zeker weet dat de personen die je er in opneemt de gewenste toekomst met je willen delen.

Terwijl je deze beschrijving maakt, inventariseer je tegelijkertijd alle mogelijke twijfels die er bij je boven komen. Je kunt je twijfels voor het gemak onderscheiden in drie categorieën. Twijfels over je eigen capaciteiten, twijfels naar aanleiding van barrières die anderen zouden kunnen opwerpen en twijfels die voortvloeien uit beperkingen die het leven in het algemeen aan de mogelijkheden van een mens stelt.

Als je merkt dat je twijfels gekoppeld zijn aan onaangename gevoelens, kan het zinvol zijn om, voordat je verder gaat met positief denkwerk, eerst nog even terug te gaan naar het emotiewerk.

Neem nu je lijst met twijfels en keer ze om, beweer het tegendeel. Maak wat je noemt affirmaties. Creëer een 'leugen' waarvan het prettig zou zijn als hij waar was. Als je bijvoorbeeld geschreven hebt "Dat kan ik niet want daarvoor ben ik te lui, te onhandig, te dom of te oud." maak er dan van "Ik ben bijzonder energiek, handig, intelligent en daar kom ik voor uit." of "Ik heb daar nu precies de juiste leeftijd voor."

Als je schreef "Ik ben bang dat mijn wensen niet uitkomen want mensen zijn niet te vertrouwen, mensen begrijpen mij niet en mijn partner ziet het niet zitten." verander je dat in "De mensen met wie ik omga zijn volledig te vertrouwen, ze begrijpen mij en mijn partner is enthousiast over mijn plannen en laat dat ook merken." Maak tenslotte van "Het leven is nou eenmaal geen pretje." de affirmatie "Het leven is een feest, vandaag nog wel het meest."

Gebruik bij het maken van affirmaties geen ontkenningen. Heb het nooit over wat je niet wenst. Zeg niet: "Ik sta nooit meer in de file." maar zeg: "Ik woon vlak bij mijn werk of waar ik rij is de weg vrij."

Wees royaal, gebruik liever woorden als 'ruim' en 'overvloedig' in plaats van 'genoeg' en 'voldoende'. Als je toch de moeite neemt een nieuwe werkelijkheid te creëren, zeg dan niet: "Ik heb voldoende capaciteiten." maar zeg: "Ik ben bijzonder bekwaam."

Veel mensen verwarren in de praktijk affirmatie- en visualisatietechnieken. Een goed begrip van het verschil tussen deze twee technieken is voor het maken van effectieve affirmaties van groot belang.

Stel, je wenst een mooie nieuwe auto of een ontmoetingscentrum voor de jeugd bij jou in de buurt of iets anders wat veel geld kost. Je visualiseert de auto of het centrum en je affirmeert "Ik krijg altijd het geld dat ik nodig heb om mijn wensen te realiseren."

Je visualiseert dus niet het geld. Want geld is niet je einddoel maar slechts een middel. Je affirmeert ook niet "Ik heb een mooie auto." Want dat zou er toe leiden dat je de oude auto waar je nu in rijdt als mooi gaat ervaren. Je affirmeert ook niet "Wij hebben hier een prachtig centrum voor de jeugd." Want dat zou betekenen dat je niets meer hoeft te ondernemen omdat je begint te geloven dat het centrum er al is.

Verbeelden, visualiseren is spelen met virtuele voorstellingen, met denkbeeldige, zintuiglijke impressies van je einddoel. Geloven, affirmeren gaat niet over voorstellingen of zintuiglijke impressies maar over meningen, opvattingen, opinies en oordelen over jezelf, over anderen en over de werkelijkheid in het algemeen.

Visualiseren gaat over het inprenten van (wens)beelden. Affirmeren gaat om het eigen maken van opvattingen die ondersteunend zijn voor de kansen op de realisatie van die (wens)beelden. Visualiseren doe je in beelden, je doet het in stilte met je ogen dicht. Affirmeren doe je met woorden, je doet het hardop, je spreekt ze uit. Verbeelden gaat over (dag)dromen, geloven over (positief) denken. Visualiseren gaat over wat je wenst, geloven over je kansen op succes.

Stel, je wenst een boek geschreven te hebben maar je denkt dat je niet kunt schrijven. Stel, je wenst een eigen bedrijf te beginnen maar denkt dat het je ontbreekt aan verkooptalent. Je visualiseert het boek of je bedrijf en je affirmeert "Ik ben een groot schrijver." of "Ik ben een uitstekend verkoper."

Je affirmeert dus niet dat je een bedrijf hebt of dat je een boek geschreven hebt want als je dat gelooft, ben je namelijk al klaar en stop je dus met handelen. Bovendien visualiseer je niet je talenten als verkoper of als schrijver, want die talenten zijn slechts middelen om te bereiken wat je wenst en niet de eigenlijke jou motiverende wens.

Je visualiseert je einddoel en affirmeert dat je gelooft dat je talenten toereikend zijn en dus per se niet andersom.

Je maakt je geloof dienstbaar aan je wensbeeld. Maak affirmaties waarin je beschrijft dat je gelooft dat je talenten, de geldstroom, je gezondheid en de hulp van anderen, kortom de middelen toereikend zullen zijn om je daar te brengen waar je wilt zijn.

Maak je affirmaties anoniem. Dwing anderen niet zich naar jouw wensen te voegen maar geef ze wel de gelegenheid dat te doen. Zeg dus niet: "Marie of Piet waardeert mij zoals ik ben." maar "Mijn partner, mijn baas, de mensen met wie ik omga waarderen mij omdat ik ben zoals ik ben." Er kunnen nu twee dingen gebeuren. Of je baas en je partner blijken toch anders dan je dacht of je vindt een nieuwe baas of partner die beter aansluit bij wat jij wenst.

Let goed op of het geformuleerde je twijfel daadwerkelijk en volledig tegenspreekt of je het oorspronkelijke probleem niet omzeilt. Je brein is slim in het behouden van zijn gelijk. Zeg bijvoorbeeld bij pijn in je lichaam niet: "Ik ben sterk en kan het wel aan." of "Ik heb een sterk en soepel lichaam." maar zeg: "Ik voel me prettig in mijn lichaam."

Probeer er een korte en bondige formulering van te maken die lekker in de mond ligt. Toevoegingen als "en daar geniet ik van", "daar word ik om gewaardeerd", "dat herken ik" en "daar kom ik voor uit" zijn geschikt om ze wat levensechter te maken. Probeer je affirmatie nu eens uit te spreken alsof je er zelf in gelooft en kijk of je dat kunt doen zonder daarbij in de lach te schieten.

Het ontwerpen van een affirmatie is op zichzelf onvoldoende om er resultaat van te kunnen verwachten. Het helende effect ontstaat door het gebruik ervan. Heb je eenmaal een goede affirmatie ontworpen dan kun je je geest met deze affirmatie gaan (op)voeden. Je gaat je affirmatie herhalen en herhalen. Je overstemt hierdoor je oorspronkelijke twijfel met een wensondersteunende gedachte. Je doet een soort hersenspoeling.

In de literatuur vind je verschillende methodes waarmee je affirmaties efficiënt in je op kunt nemen. In essentie komen ze allemaal op het zelfde neer. Net zoals vroeger op school bij het schrijven van strafregels gaat het om de herhaling van aldoor precies dezelfde woorden. Als één en dezelfde zin (mening) door het brein keer op keer gedacht wordt, gaat de geest er na enige tijd vanzelf in geloven. Dat wat je gelooft, is gewoon dat wat je vaak gehoord en gedacht hebt.

Als je je een affirmatie eenmaal eigen hebt gemaakt, hoef je haar niet meer te herhalen. Ze blijft gewoon werken. Wat eenmaal in je brein geprogrammeerd zit, gaat er niet vanzelf weer uit. Dus bezint eer gij begint. Ga na of je het geformuleerde ook daadwerkelijk wenst te beleven. Het is niet zomaar een spelletje. Houd er serieus rekening mee dat het inprenten van (positieve) gedachten effect heeft.

Mijn allereerste affirmatie die ik dagenlang honderden keren per dag uitsprak, zag ik als een soort grap. Ik geloofde echt niet dat het zou gaan werken maar was wel nieuwsgierig. De cursusleider had ons gevraagd iets op te schrijven over wat ons niet beviel aan het andere geslacht en dat vervolgens om te keren.

Ik kwam op de zin "Vrouwen nemen altijd het initiatief." Dat hing samen met mijn leven als vrijgezel. Ik was in die tijd geregeld op zoek naar een gezellin voor de nacht maar was het beu om telkens weer zelf 'op jacht' te moeten gaan. Het leek me wel wat die rol aan de andere partij toe te delen.

Na enkele dagen alsmaar hardop herhalen "Vrouwen nemen altijd het initiatief." vonden er een paar verrassende gebeurtenissen plaats. Gebeurtenissen waar ik van schrok maar die ik toch ook als toevalligheden bleef beschouwen. De klap op de vuurpijl kwam drie maanden later, toen ik die zin allang weer vergeten was. De vrouw waar ik inmiddels een tiental jaren mee samenleef, kwam zomaar uit het niets opdagen en fluisterde mij in het oor "I like you."

Met andere woorden, affirmaties werken ook als je er niet in gelooft. Ze werken niet omdat je erin gelooft maar omdat je ze doet. Net zoals een hersenspoeling niet werkt omdat je er in gelooft maar omdat je haar ondergaat.

Hoe krijgt het brein van iemand die gelooft dat vrouwen altijd het initiatief nemen of dat er voor hem altijd een parkeerplaats is, het eigenlijk voor elkaar om dat ook tot werkelijkheid te maken? Dat komt omdat die persoon anders tegen de werkelijkheid aankijkt, zijn brein er andere informatie uit selecteert en anders met die informatie omgaat.

Als je gelooft dat vrouwen altijd het initiatief nemen, zul je ook openstaan voor ontmoetingen met vrouwen die zoiets doen, terwijl dat gedrag je in het andere geval zou kunnen afschrikken. Als je gelooft dat er voor jou altijd een parkeerplaats is, let je op mensen die met autosleutels of volle boodschappentassen in de richting van een geparkeerde auto lopen of je ziet een braakliggend bouwterrein waar op dat moment niet gewerkt wordt. Iemand die geen parkeerplaats verwacht, ziet die mogelijkheden over het hoofd.

Ik geloof niet dat er een magische kracht van je brein uitgaat maar wel dat het je waarneming zodanig stuurt dat het daarmee de bevestiging krijgt van wat het al dacht. Als je denkt “Wat is iedereen chagrijnig vandaag.” zie je alleen de chagrijnen en als je denkt “Wat is iedereen toch vrolijk.” zie je vooral wie blij is. Door selectief waar te nemen creëer je uiteindelijk wat je verwacht.

Er zijn vele affirmatietechnieken, een techniek die ikzelf regelmatig gebruik gaat als volgt:

Speel met twee of drie personen een spel waarbij één van de spelers (jij) door de anderen voortdurend wordt aangesproken met je eigen affirmatie. Ondertussen mag je je er tegen verzetten maar de anderen gaan volledig voorbij aan je argumenten en blijven dezelfde zin tegen je herhalen. Als ze merken dat je weerstand afneemt, gaan ze over naar een volgende fase in het spel, waarbij jij zelf de affirmatie telkens in de ik-vorm moet herhalen. Probeer daarbij de affirmatie zo uit te spreken dat het klinkt alsof je meent wat je zegt. Zodra dat lukt, kunnen de spelers overgaan naar het derde en laatste onderdeel. Hierbij sluit jij de ogen, je mag zelf niet meer spreken. De anderen herhalen nu gedurende een aantal minuten met afwisselende intonatie en variërend stemvolume nog steeds dezelfde affirmatie.

Je gaat nu zelf gedurende drie dagen vele malen per dag je affirmatie hardop uitspreken, ook op die momenten dat er dingen gebeuren die wijzen op het tegendeel van wat in de affirmatie wordt beweerd. Je kunt haar nu langzamerhand in je alledaagse taalgebruik opnemen en zo hier en daar in je gesprekken met anderen speels invlechten, alsof het hier om een vanzelfsprekende aangelegenheid gaat.

Ik wil je een paar affirmaties noemen waaraan ikzelf de afgelopen jaren veel plezier beleefd heb.

- "Ik word het best betaald voor wat ik het liefste doe." Dat was één van mijn eerste affirmaties en ik moet zeggen, ze werkte en werkt nog steeds heel goed en ze werkt natuurlijk voor iedereen, want als je werk doet dat je graag doet, dan doe je dat ook met hart en ziel.
- "Als iemand zijn afspraak afzegt, komt mij dat altijd goed uit." Deze affirmatie heeft mij veel ergernis bespaard en heel wat creatieve ideeën opgeleverd over hoe ik de vrijgekomen tijd goed kan besteden.
- "Bij mij past altijd alles precies in elkaar." Daarmee doel ik op mijn agenda. Hoe het universum, of zo je wilt God het voor elkaar krijgt, ik weet het niet. Iedere keer weer sta ik met verbazing te kijken hoe bij mij vrijwel altijd alles precies in elkaar past.
- "Ik word altijd heel goed begrepen." Enkele maanden daarna ontdekte ik de creatiespiraal. Sindsdien wordt mijn boodschap dat je als mens geboren bent om je eigen wensen te realiseren ook altijd begrepen zoals ik haar bedoel.

En dan zijn er vele praktische, alledaagse affirmaties zoals: "Ik kom altijd precies op tijd." "Ik neem altijd de juiste beslissing op het juiste moment." "Mensen houden van mij precies zoals ik ben." en "De mensen die ik liefheb houden van elkaar."

Ter afsluiting nog één affirmatie voor wie nog niet precies weet wat hij wenst. Zeg drie dagen lang een paar honderd keer per dag hardop tegen jezelf "Ik weet precies wat ik wens en daar handel ik ook naar." Voor de zekerheid kun je er nog achter zetten "en de mensen met wie ik omga, stellen dat op prijs." Je zult zien dat je leven hoe dan ook avontuurlijker wordt. Als je dat eng vindt, ga dan nog even terug naar het emotiewerk, geniet je angst en kom weer terug voor het avontuur.

Als je wensen duidelijk zijn, je twijfels ondermijnd zijn en je gevuld bent met prachtige beelden en positieve verwachtingen, is de tijd rijp voor de stap naar buiten, het openbaren van je wensen.

Je geloof wekt vertrouwen en je enthousiasme werkt aanstekelijk. Nu je met innerlijke overtuiging en grote helderheid je wensen uitdraagt, ben je inspirerend en wek je ook in de fantasie van anderen jouw wensen tot leven. Daardoor breng je bij de mensen in je omgeving een creatieproces op gang. Je verleidt hen om in hun fantasie in een werkelijkheid te stappen waarin jouw wensen reeds vervuld zijn. Zo komen ze in de fase van het verbeelden en gaan daardoor onwillekeurig bijdragen aan de realisatie van hetgeen jij wenst. Al is het maar omdat zij jouw idealen met een positief gevoel bij zich dragen en weer aan anderen doorvertellen.

Je bent nu klaar voor het volgende huis, het bouwen van een vruchtbaar netwerk.

Hoofdstuk 9

Het vierde huis
Netwerk

Je gaat op zoek naar de juiste ingrediënten om je wensen te kunnen realiseren. De architect zoekt geschikte materialen om zijn ontwerp gestalte te geven. De onderzoeker zoekt en combineert informatie om tot een nieuw inzicht te komen. De ondernemer zoekt de goede mensen bij elkaar om zijn bedrijf tot een succes te maken. En jij zoekt in de juiste combinatie de beste plek, de juiste materialen, het passende inzicht en de meest geschikte personen om jouw ideaal te kunnen realiseren. Je verbindt jezelf met de wereld.

Speelde je tijdens het emotiewerk met het maken van geluiden, in het stiltewerk met het ontwerpen van beelden, was je bij het positief denkwerk bezig met het woord, in het netwerk draait het allemaal om het zoeken en leggen van de juiste verbindingen.

Op zoek naar mogelijkheden je wensen te realiseren, gebruik je allereerst je eigen ervaringen. Je brein gaat op zoek in een wirwar van herinneringen en eerder verworven inzichten, legt nieuwe verbindingen, vergelijkt, combineert en ontdekt. Kortom je denkt na en komt op nieuwe ideeën die bijdragen aan de realisatie van wat je wenst. Je brein is een netwerk van kennis, inzicht en ervaring en is, in een voortdurend creatief proces, op zoek naar nieuwe wegen. Je brein netwerkt. Om dat proces te ondersteunen zijn tal van technieken ontwikkeld die de creativiteit kunnen stimuleren.

Je zoekt een truc. Hoe kun je dat wat je ooit leerde en beleefde, gebruiken om je wensen van nu te realiseren? Je zoekt als een wetenschapper die verbanden legt tussen zaken die, zo lijkt het, op het eerste gezicht niets met elkaar te maken hebben. Tussen het gedrag van de maan en een vallende steen op aarde, tussen roken en longkanker, tussen positief denken en je kansen op succes. Het is net als kruiswoordpuzzelen. Je zoekt zinvolle verbindingen en als je in vertrouwen volhardt, vind je ze ook.

De ontdekking van de creatiespiraal is het resultaat van zo'n innerlijk creatief proces. Ik wilde al van jongs af aan iets bijzonders ontdekken. Ik deed inzichten op als bèta-wetenschapper, verzamelde ervaringen als vormingswerker, barkeeper en zelfstandig ondernemer, maakte kennis met het spirituele gedachtegoed. Een smeltkroes van ervaringen die uiteindelijk leidde tot de ontdekking van de creatiespiraal.

De vorige gedachte roept een herinnering bij me op. Ik puzzelde in mijn puberjaren heel graag. Hoe mij dat kon plezieren, begreep ik eigenlijk niet want ik vond het een volkomen zinloze bezigheid. Tot ik vijfentwintig jaar later deze ervaring nodig bleek te hebben voor de ontdekking van de creatiespiraal. Zeker drie maanden heb ik zitten puzzelen tot ik de spiraal had zoals ik hem verwachtte, namelijk helemaal symmetrisch. Mijn irrationele vertrouwen dat ik hem zou vinden, haalde ik uit de ervaring dat mijn kruiswoordpuzzels vroeger altijd uitkwamen.

Om je wensen te kunnen realiseren, gebruik je echter niet alleen je interne kennisnetwerk maar heb je ook de bijdrage van anderen nodig. De realisatie van iedere hartenwens vraagt om de inzet en betrokkenheid van vele andere mensen. Ga maar eens na hoeveel bouwvakkers, ambtenaren en leveranciers hebben bijgedragen aan de realisatie van jouw woning. Hoeveel hebben er aan de productie van het koper voor de waterleiding of aan het plastic voor de deurknoppen gewerkt?

Zoek de mensen die jou willen en kunnen helpen. Vruchtbare verbindingen ontstaan als je je eigen wensen op een harmonische wijze met de wensen van anderen weet te integreren. Je individuele creatieproces wordt daarmee deel van een collectief creatieproces. Als zij hem wenst maar hij wenst haar niet, dan is dat duidelijk niet de juiste verbinding. Zoek de vorm en de plaats waar de verwezenlijking van jouw wensen en iets betekenen voor anderen één en hetzelfde blijken te zijn. Een situatie die slechts kan ontstaan, als je duidelijk voor ogen hebt wat je wenst en dat ook open en duidelijk uitdraagt.

Treed met je wensen naar buiten. Ontmoet de partner die bij je past en waar jij bij past. Vind de opdrachtgever die blij is met jouw kwaliteiten en die jou blij maakt met zijn opdrachten. Koop het huis dat jou geeft wat jij verlangt en dat de ander jou graag verkoopt.

Als je een wens voor de eerste keer uit, ben je meestal nog gevoelig voor kritiek. Een jonge, pas geuite wens is kwetsbaar. Wees dus voorzichtig waar en op welk moment je dat doet. Kies in eerste instantie voor een veilige omgeving waar mensen positief op je zullen reageren. Je kunt je ideeën beter pas in bredere kring uiten als je weet hoe je op de voor de hand liggendste vragen kunt reageren.

Als je over je wensen wilt praten om ze duidelijker te krijgen, wees ook dan voorzichtig in de keuze van je gesprekspartner. Je loopt altijd het risico dat anderen je wensen voor jou gaan invullen. Die kans is er ook als je jezelf in de fase van het uiten onzeker en onduidelijk toont. Ook dan hebben anderen de neiging zich te bemoeien met wat jij zou moeten wensen. Het zou daardoor kunnen gebeuren dat je langzaam maar zeker het contact met je oorspronkelijke wensen kwijtraakt.

Merk je dat dit het geval is, keer dan terug in jezelf, ontspan en maak opnieuw verbinding met wat jij wenst. Overwin de angst te worden veroordeeld omdat je verlangens anders, groter of kleiner zijn dan die van anderen. Ga met respect voor je eigen wensen staan. Laat de schaamte voor je wensen, voor wie jij kennelijk bent, los. Of zoals Nelson Mandela[1] het zei: "Er is niets verlichts aan jezelf klein te maken opdat andere mensen zich bij jou niet onzeker zullen voelen. We zijn allemaal bedoeld om te stralen als kinderen. We zijn geboren om de glorie van God die in ons is te openbaren."

In je verlangens onderscheid je je van de anderen. Door te openbaren wat je echt verlangt, laat je zien wie je werkelijk bent en creëer je de mogelijkheid om met hulp van anderen je eigen en best passende plaats te vinden. Wees waarachtig. Je verlangen bevat de essentie van hetgeen je bent maar ook de essentie van wat je voor anderen kunt betekenen. Niet door je aan te passen maar juist door echt te zijn, hoor je er pas echt helemaal bij.

Als een artiest of een wetenschapper helemaal zichzelf is, kan dat in het begin tot bevreemding bij zijn publiek of collega's leiden. Maar wie authentiek is en blijft, zal uiteindelijk altijd respect en vertrouwen wekken. Een artiest kan zijn glansrol spelen juist omdat hij zich onderscheidt. Een wetenschapper kan zijn verrassende bijdrage leveren juist omdat hij zijn eigenzinnige weg gaat.

Wees helder en duidelijk, laat geen misverstanden ontstaan over wat jij verlangt. Begin bijvoorbeeld een vergadering met een ronde waarin eenieder vertelt wat hij vandaag en op termijn zou willen bereiken. Vergaderen wordt dan heel wat boeiender en constructiever, het wordt netwerken met steeds weer nieuwe kansen op vruchtbare verbindingen en heel wat inspirerender dan al die vergaderingen waarbij mensen met dubbele agenda's, zonder open en direct te zijn, toch stiekem bezig zijn hun eigen wensen te realiseren.

Geef jezelf bloot. Kinderen die **niet** vragen worden overgeslagen. Het komt nogal eens voor dat mensen hun diepste wensen geheim houden omdat ze bang zijn dat hun wensen gestolen zouden kunnen worden of omdat ze zich ervoor schamen. Zoals bij mensen die een partner zoeken, carrièremakers en aanstaande ondernemers. Je neemt dan het risico dat de mensen die jij nodig hebt jou niet kunnen vinden omdat jij jezelf niet bekend maakt. Het is natuurlijk extra moeilijk een partner te vinden als niemand mag weten dat je er een zoekt.

Geef je wensbeelden weg. Je eigenheid is je kracht. Je bent geroepen je wensen te vervullen. Je hebt je wensbeelden niet toevallig. Uit je wensen, zoek mensen en zaken die bij je passen en vind je eigen plek. Een boom zal slechts vrucht dragen als kruisbestuiving heeft plaats gevonden.

De angst voor diefstal is misplaatst. Als eigenaar van een wens ben je ook de meest geëigende persoon om die wens te realiseren. Iemand die jou probeert te imiteren en denkt daarmee succes te kunnen oogsten, is niet authentiek. Daardoor is hij minder sterk. Wie zijn eigen wensen volgt, is in harmonie met zichzelf en de wereld en zal naar verhouding gemakkelijker zijn eigen plaats kunnen vinden, en er is plaats voor iedereen. De kunst is je plaats te vinden, niet om hem met list en bedrog te veroveren.

Om je wensen te kunnen realiseren, heb je vroeg of laat de medewerking van anderen nodig. Behalve authentiek zijn, moet je dus ook goed kunnen communiceren. Dit wil zeggen verstaan en verstaan worden. Je staat voor de opgave de taal van de ander te spreken en tegelijkertijd volkomen jezelf te blijven. Alleen op die manier kan er een zinvolle ontmoeting, vruchtbare communicatie en een effectieve kruisbestuiving plaatsvinden.

Hoe zuiverder de verbindingen, hoe vruchtbaarder ze zullen zijn en hoe groter de kansen voor jou en voor de ander op uiteindelijk succes. Goed begrepen worden en de ander goed begrijpen, zijn in deze fase van het creatieproces dus van wezenlijk belang.

Mensen uit verschillende beroepsgroepen, religies en samenlevingen spreken elk hun eigen taal en lijken daarom soms van idee te verschillen over de wereld die ze willen realiseren. Wij zullen intercultureel moeten leren communiceren. Culturen hebben eigen vormen en tradities doch blijken in feite op een wezenlijk niveau met elkaar harmoniërende wensbeelden te hebben. De Israëliërs wensen hun religie in Jeruzalem in vrede te kunnen beleven zonder zich bedreigd te voelen. De Palestijnen willen precies hetzelfde. Als ze elkaar zouden verstaan, zouden ze ontdekken dat ze alleen in harmonie met elkaar Jeruzalem tot dé religieuze hoofdstad van de wereld zouden kunnen maken.

Vertel niet zo maar wat je wenst maar wek met het uiten van je wensen het door jou bedoelde wensbeeld. Als je bij de ander een verkeerd beeld oproept, gaat de ander ook een verkeerd beeld verspreiden, mis je wellicht de kans op een vruchtbare samenwerking of ontstaat er een samenwerking op basis van valse beelden. Natuurlijk mag je de ander wel verrassen met iets nieuws. Als het beeld dat uiteindelijk bij hem achterblijft maar het beeld is dat jij wenst over te brengen.

Als ik met dit boek ondernemers wil aanspreken, moet ik een andere taal spreken dan wanneer ik religieus of spiritueel geïnspireerden wil bereiken. Voor ondernemers gebruik je woorden als 'succes, missie, visie, planning en actie'. Voor religieuzen gebruik je 'bestemming, vertrouwen, openbaring en overgave'. In de spirituele wereld spreek je over 'leven vanuit je bron, visualiseren, bewust zijn en het heden genieten'. Het zijn allemaal verschillende woorden, die telkens op een andere manier dezelfde ervaring vertolken. De mens is als schepper, ondernemer, religieus en spiritueel wezen betrokken in de schepping en kan zich daar bewust van zijn.

In het spanningsveld tussen de behoefte aan authenticiteit en de noodzaak om juist te worden verstaan, ontstaat creativiteit, nieuwe taal, nieuwe vormen en nieuwe inzichten. Het individuele creatieproces krijgt meer en meer een collectief karakter. Je sluit aan bij de wereld.

Steeds meer mensen raken met de realisatie van hun eigen wensen betrokken bij de realisatie van jouw wens. De situatie begint steeds meer te lijken op die van de samenwerkende cellen in je eigen lichaam. Iedere cel vervult zijn eigen rol en met elkaar creëren ze voor elkaar een ideale leefomgeving.

Misschien is dit wel de toekomst van onze samenleving. De harmonische integratie van individuele vrijheid en optimale samenwerking. De volgende grote stap in de evolutie. Zoals we ooit de overgang maakten van een eencellig naar een meercellig organisme, volgt nu de overgang van een eenzoogdierig naar een meerzoogdierig wezen, de menselijke samenleving.

Een heel eenvoudig voorbeeld daarvan is het voetbalteam. Iedere speler heeft een passie voor voetbal, dat hebben ze met elkaar gemeen. Doch binnen die passie heeft elke speler zijn eigen ambitie. De één is een typische aanvaller, de ander juist een verdediger. Met elkaar vormen ze een compleet team. Iedere speler heeft vanuit zijn eigen passie en ambitie, zijn eigen ontplooiing en carrière op het oog. Terwijl ook het team als geheel een duidelijk doel heeft.

De individuele passies en het gemeenschappelijke doel dragen elkaar. Datzelfde gebeurt in een gezonde relatie, een harmonieus gezin, binnen een bloeiende vereniging, een succesvol bedrijf en in de ideale samenleving.

Zoals het individu zijn eigen wensen en daarmee zijn eigen bestemming kan ontdekken, zo kan ook het collectief zijn eigen missie leren kennen. Zoals het individu zijn eigen wensen niet kiest, zo kun je ook een collectieve missie niet kiezen. Je kunt hem er niet inpluggen. Je moet hem leren (her)kennen en pas dan vertalen in een concrete doelstelling.

Een inspirerend leider is iemand die vertrouwen wekt omdat hij het vermogen heeft de collectieve missie aan te voelen en erin slaagt deze zo te vertolken dat hij daarmee mensen weet te enthousiasmeren. Als een collectieve doelstelling niet uit de betrokkenen ontstaat maar van bovenaf opgelegd wordt, krijg je een boomgaard die geacht wordt bladgroente te maken. Er ontstaat collectieve stress. Als er geen verbinding gemaakt wordt tussen de individuele ambities en de collectieve doestelling, ontstaat een slecht functionerend geheel.

Op dit moment bestaat een belangrijk deel van mijn werk uit het begeleiden van organisaties bij het creëren van een gezamenlijke visie die kan steunen op de aanwezige individuele passies. Zodra individuen zich vanuit hun passie met elkaar verbinden en de collectieve missie benoemd is, ontstaat een gezond en vitaal echtpaar, team, organisatie of samenleving en begint op collectief niveau precies hetzelfde creatieproces dat we tot nu toe op individueel niveau bespraken.

Het collectief ontdekt zijn wens en ontwikkelt een doelstelling, een visie op de toekomst. Het gelooft in zijn kwaliteiten en vaardigheden en presenteert zich krachtig en overtuigend naar buiten. Het team of de organisatie zoekt ruimte in de markt, ontwikkelt een strategie en gaat aan het werk om uiteindelijk gezamenlijk van het succes te kunnen genieten.

De NASA wilde een mens naar de maan brengen, Ford de auto populariseren en Sony wilde Japan als producent van kwaliteit op de atlas zetten. De Bodyshop, 3 M, Apple en Microsoft, allemaal bedrijven met een inspirerende leiding, een heldere collectieve visie en met werknemers, die met hun persoonlijke ambities die visie dragen en juist daardoor individueel en gezamenlijk succesvol zijn.

In de netwerkfase til je jouw creatieproces naar een collectief niveau. Dat geldt zelfs voor de kunstenaar die in alle eenzaamheid zijn schilderijen maakt of zijn boeken schrijft. Want ook hij bestaat bij de gratie van het feit dat weer anderen zijn werk straks zullen genieten. Scheppen is dus altijd, behalve een individueel ook een collectief proces.

Creëer een netwerk onder het motto "Een ondernemend mens is niet iemand die alles kan maar een ondernemend mens is iemand die zich omringt met mensen die het kunnen." Maak een lijst van mensen die jou direct of indirect kunnen helpen. Ga na welke vaardigheden, kennis, informatie en contacten voor de realisatie van jouw wensen noodzakelijk zijn en zoek waar nodig aanvulling op je bestaande netwerk.

Zoek met je wensen aansluiting bij de wensen van anderen. Ga in je ontmoetingen met mensen na wat je over hun ambities weet en vraag je af in hoeverre jij met de realisatie van jouw wensen kunt bijdragen aan de realisatie van die ambities. Bedenk situaties waarbij iedereen wint. Wat brengt de vervulling van jouw wensen voor je medemensen? Of in ondernemerstermen: wat betekent jouw product voor de markt? Als jouw wensen straks vervuld zijn, realiseer je daarmee tegelijkertijd ook wensen en behoeften van anderen. Welke mensen, wensen en behoeften zijn dat?

Als je geen verband kunt vinden tussen jouw wensen en die van de ander, bekijk dan op welke andere manier je iets voor elkaar kunt betekenen. Misschien kun je elkaar wat amuseren, heeft een van jullie de wens voor de ander te zorgen of heb je contact met iemand die iets voor de ander kan betekenen. Kun je echter niets vinden waarmee je elkaar van dienst kunt zijn, zorg dan dat je jouw tijd en die van de ander niet verspilt aan zinloze en onbevredigende beleefdheden.

Sta wel open voor het onverwachte, het toeval. Haak in op kansen die zich aandienen en herken dat wat je voortdurend krijgt. Hoe helderder de eigen wensbeelden zijn en hoe verstaanbaarder zij verwoord worden, des te vaker zal blijken dat vrijwel iedere ontmoeting en gebeurtenis bijdraagt aan de groei van het resultaat. Het lijkt alsof er geen sprake meer is van toevalligheden maar alsof ieder treffen een nieuwe aanwijzing is op de natuurlijke weg van wens naar werkelijkheid.

Als ik terugkijk op mijn eigen geschiedenis, dan barst het van de zogenaamd toevallige gebeurtenissen die achteraf ondersteunend blijken om mijn wensen te kunnen realiseren. Dat geldt overigens evenzeer voor zaken die ik indertijd als een mislukking of betekenisloos intermezzo beschouwde, als voor hetgeen ik op dat moment als succesvol zag.

Dat geldt voor mijn vader die ons voortdurend vertelde dat we bijzonder waren. Mijn moeder die me leerde positief te denken en te kruiswoordpuzzelen. De middelbare school die mij als natuurkundeleraar ontsloeg zodat ik niet bleef hangen op een plek waar ik niet hoorde. De vriend die mij op het juiste moment kennis liet maken met het gedachtegoed van Gurdjeff en Ouspensky. Ga zo maar door. Een oneindige reeks van ontmoetingen, leersituaties en aanwijzingen die mij langzaam maar zeker steeds dichter bij de realisatie van mijn diepste wens hebben gebracht.

Je bevindt je in een stroom, je geeft je er in vertrouwen aan over. Je beleeft synchroniciteit, iedere gebeurtenis en ontmoeting blijkt van betekenis. Je herkent en ontvangt hulp en informatie. Er ontstaan telkens weer zinvolle verbindingen. Je hoeft niets of niemand te dwingen. Integendeel, je trekt aan wat jij nodig hebt. Je gebruikt je intuïtie, je let op hoe de mensen en ideeën die je ontmoet, aanvoelen en beslist afhankelijk daarvan of je op dat spoor al dan niet verder gaat.

Hiermee begeef je je al enigszins in het werkgebied van plannen en beslissen, in het strategiewerk. Veel beslissingen worden al in de onderzoeksfase genomen. Welke route wordt wel en welke wordt niet degelijk onderzocht? Welke mensen worden wel en welke juist niet aangesproken? De aard en de kwaliteit van je onderzoek zijn bepalend voor de kwaliteit van de strategische beslissingen die je in de volgende fase van het creatieproces gaat nemen.

Langzaam maar zeker heb je voldoende ideeën verzameld. Je hebt een breed netwerk opgebouwd, je weet aan te sluiten op de wensbeelden van anderen. Je maakt creatief gebruik van oude kennis en ervaring, je interne kennisnetwerk. Al met al ben je in de onderzoeksfase helemaal niet bezig geweest met de vraag of je wensen wel haalbaar zijn maar alleen met het zoeken naar de weg waarlangs je ze kunt realiseren.

Als je zicht begint te krijgen op het hoe, wat, wanneer en met wie je je wensen zou kunnen realiseren, krijg je ook de neiging om een tijdpad uit te gaan zetten. Dat begint heel geleidelijk met het maken van afspraken over wie je wanneer ontmoet, wat je voor of na zo'n ontmoeting belooft te doen en wat je met elkaar denkt te gaan ondernemen.

Je begint een idee te krijgen hoe de verschillende elementen in elkaar zouden kunnen passen. Wees echter voorzichtig! Blijf flexibel, open en ontvankelijk voor het onverwachte. Leg je niet vast op een strakke planning zolang de tijd daar nog niet rijp voor is.

Maak een inventarisatie van alle mogelijke routes die je zou kunnen gaan. Schat de zwaarte en de haalbaarheid van die routes in. Pas daarna maak je geleidelijk de overgang naar de volgende fase van het creatieproces, het strategiewerk.

Hoofdstuk 10

Het vijfde huis
Strategiewerk

Je laat de relatieve vrijblijvendheid van de onderzoeksfase achter je en verbindt jezelf aan een procesgang. Je maakt afspraken met anderen maar ook met jezelf. Plannen is eigenlijk beloven. Beloven dat je, voor zover je dat nu kunt overzien, straks zult gaan handelen conform het thans door jou geplande.

Je bent in het grensgebied van fantasie en realiteit. Je maakt de overgang van vrijblijvend fantaseren naar doelgericht realiseren. Je vertaalt wensbeelden in concrete haalbare doelstellingen en meetbare subdoelstellingen, je zet een realistisch tijdpad uit. Kortom, je gaat van een virtueel wensbeeld naar een in cijfers, tijdschema's en ruimtelijke overzichten beschreven proces en einddoel.

Het is als bij een belangrijke schaakwedstrijd. Je hebt gezorgd voor een emotionele balans. Je verheugt je op de overwinning. Je bent vol zelfvertrouwen. Je hebt je goed geïnformeerd over je tegenspeler en geeft je brein nu alle rust en ruimte om de best mogelijke strategie te ontwerpen en de juiste keuzes te maken.

Zolang je nog denkt over je strategie is er nog niets concreets gebeurd. Maar je besluit om te handelen en de effectuering van dat besluit, je eerste zet, brengt je van een wereld vol mogelijkheden naar een wereld van feiten. Je medespeler reageert met een tegenzet. Er ontstaat een nieuwe situatie en je zult opnieuw je strategie moeten bepalen.

Strategiewerk is een dynamisch proces. Het vraagt om permanente bewuste aandacht. De omstandigheden zullen voortdurend veranderen en er kunnen steeds nieuwe problemen en nieuwe kansen ontstaan, die je dwingen tot het aanpassen van je planning. Een schaker bepaalt zijn strategie niet alleen maar voor de wedstrijd. Hij blijft er de hele wedstrijd mee bezig. Een gezonde planning leeft. Een vitale strategie ontwikkelt zich.

Vergeet nooit dat je planning geen doel op zichzelf is. Het is slechts één van de instrumenten die je gebruikt om je oorspronkelijke wens te realiseren. Als je planning niet meer bijdraagt aan het realiseren van je wensen, laat dan je planning, maar nooit je idealen los.

Je plande bijvoorbeeld ooit samen een leven lang gelukkig te zijn en je hebt daarover met elkaar heel duidelijke afspraken gemaakt. Je plande ooit een studie en een schitterende carrière. Nu blijkt in de praktijk de relatie niet zo vruchtbaar als je gehoopt had en de carrière je niet gelukkig te maken. Je staat voor de keuze je ideaal op te geven of je afspraken te verbreken.

Wie zijn ideaal opgeeft, geeft zijn bestemming op. Wie zijn planning opgeeft, bekent dat hij zich vergist heeft.

Het komt regelmatig voor dat mensen en organisaties bij gebrek aan contact met hun idealen, met hun bezieling, de planning gebruiken om zichzelf en elkaar te motiveren.

Bij gebrek aan werkelijke inspiratie of aan een inspirerende leiding moet een strakke planning mensen stimuleren tot actie. De planning wordt misbruikt als inspirator en motivator en wordt tot slavendrijver. Ergens achter een bureau wordt gepland en besloten de omzet dit jaar met dertig procent te verhogen. Je voelt het gebrek aan bezieling en komt onbewust in verzet. Je wordt onbetrouwbaar en slordig in je omgang met afspraken. Zo zou je een hekel aan plannen kunnen krijgen terwijl het een prachtig instrument is. Zolang je het maar gebruikt als een middel om je wensen te realiseren en je er niet de gevangene van bent.

Vraag jezelf eens af: “Plan jij of word je gepland?” Ga eens na in hoeverre je afspraken voor vandaag dienstbaar zijn aan de realisatie van je idealen. Doe je wat er in je agenda staat alleen maar omdat het erin staat of is wat er in je agenda staat het resultaat van een door jou gekozen strategie of in ieder geval een strategie waarmee jij je van harte verbonden hebt?

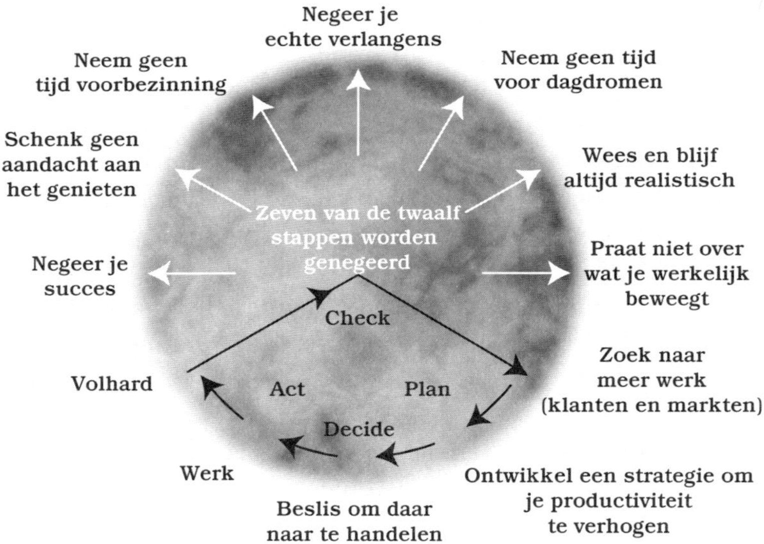

Afb. 22: De verkorte creatiespiraal bij gebrek aan inspratie.

Ontwerp eens een globale planning voor de realisatie van één van je hartenwensen en merk wat een goede zin je daarvan krijgt. Plannen is lekker, het is spannend, het vitaliseert. Er mag van een planning best een zekere druk uitgaan. Als die druk echter zo hoog is dat je hem als onprettig ervaart en je de planning in de praktijk regelmatig niet haalt, dan werkt hij eerder ontmoedigend dan stimulerend. Ook een veel te ruime planning of helemaal niet plannen en maar zien wat er gebeurt, kan demotiverend werken omdat je dan geneigd bent de eerste stap nog maar even uit te stellen.

De kunst is zo te plannen dat er een zekere stimulans van uitgaat maar dat je tegelijkertijd realistisch blijft en niet over de grens van hetgeen haalbaar is heen gaat. Een planning die in de realiteit net gehaald wordt of waarbij je het net iets beter doet dan gepland, blijkt doorgaans het prettigst en het meest effectief.

Veel mensen hebben onaangename ervaringen met plannen en afspraken maken omdat anderen zich er niet aan houden. Dat probleem ontstaat omdat mensen heel vaak 'ideale' niet haalbare afspraken maken, en niet omdat ze zich niet aan hun afspraken zouden willen houden. Plannen is bij uitstek niet de fase in het creatieproces om te idealiseren maar de fase om realistisch te zijn. Maak alleen afspraken die je haalbaar acht en waartoe je werkelijk gemotiveerd bent. En vraag dat ook van anderen.

Voordat je brein beslist en zich (nieuwsgierig naar de consequenties) overgeeft aan zijn eigen planning, pleegt het er in een enkel geval nog even over na te denken. Een laatste check voordat het tot een definitief besluit komt, een 'go or no go'. De overgang van denken naar doen.

"Je hebt afgesproken dat je zou gaan of dat je het zou doen maar je kunt je natuurlijk nog bedenken." "Alles is rond, je hoeft alleen nog maar te tekenen maar je kunt het proces nog altijd stoppen." "Morgen is je trouwdag, je hebt nu nog geen ja gezegd."

Hoe kom je tot een besluit? Kun je in deze fase het creatieproces zelf nog beïnvloeden? Al het voorbereidende werk is al gedaan. Je weet wat je wenst en hebt er een helder beeld van. Je brein is gevoed met positieve verwachtingen, met oude en nieuwe kennis en alle mogelijke informatie waarvan jij je niet eens bewust bent. Op basis van deze overvloed aan gegevens gaat het autonoom aan de slag om te 'berekenen' wat je beter wel en beter niet kunt doen. Dat proces was al aan de gang in de onderzoeks- en planningsfase en komt nu tot een afronding. Je brein beslist.

Zoals je hart je bloed rondpompt en je longen de zuurstofvoorziening voor je regelen, zo zorgt je brein voor de besluitvorming. Als je zegt: "Ik beslis." dan zeg je eigenlijk: "Ik ben mijn brein."

Je brein heeft om zijn werk goed te kunnen doen zo nu en dan behoefte aan een pauze, een periode waarin even geen nieuwe informatie binnenkomt en de tot dan toe verworven deels nieuwe informatie tot bezinking kan komen. Het gaat niet om een moment van meditatie en innerlijk schouwen zoals dat nodig is om contact te maken met je verlangens. Het gaat om een informatiestop om even rustig te kunnen na-denken, om je brein de gelegenheid te geven alles op te tellen en af te trekken zodat het je vervolgens kan informeren over zijn conclusies.

Na-denken betekent dus pauze nemen en je brein de ruimte geven, net zoals je na het eten een korte pauze neemt om je maag de ruimte te geven voor de spijsvertering. Dat na-denken zal overigens voor een groot deel onbewust plaatsvinden. Het kan bijvoorbeeld gebeuren terwijl je slaapt. Je wordt wakker met een antwoord. Het kan ook gebeuren door even iets heel anders te doen, zolang dat andere maar geen nieuwe zware soortgelijke opgave aan je brein stelt.

Pogingen om je met behulp van het na-denken zo nu en dan bewust en langdurig met de besluitvorming door je eigen brein te bemoeien, zijn meestal niet erg vruchtbaar. Dit komt onder andere omdat het onmogelijk voor je is om, zeker op de lange termijn, de consequenties van je eigen beslissingen te overzien.

Mensen zijn nog al eens geneigd te denken dat ze hun eigen beslissingen nemen. Strikt genomen is dat natuurlijk ook waar. De mens verteert zijn voedsel, ademt en neemt zijn beslissingen. Alleen is het verteren van voedsel uitbesteed aan de maag, het ademen aan de longen en het nemen van beslissingen aan het brein. Niemand zal van mening zijn dat hij zijn eigen voedsel bewust aan het verteren is. Alhoewel je je na een maaltijd wel degelijk bewust kunt zijn van het feit dat je je voedsel verteert. Op dezelfde manier kun je tot op zekere hoogte opmerken dat je brein druk doende is, voor en tegen afweegt en voortdurend beslissingen neemt.

Besef echter dat jij, met het kleine beetje bewuste denkwerk dat je kunt verrichten, niet opgewassen bent tegen de autonome kracht van je eigen brein, dat een zee aan ervaringsgegevens, ideeën en opvattingen bevat en dat vanuit dat geheel op een gegeven moment zegt: “en nu is het tijd voor actie, nú”, en op dat moment een impuls uitzendt, waardoor je lichaam in beweging komt.

Jarenlang heb ik geprobeerd om het moment waarop mijn brein tegen mijn lichaam zei: “en nu handel je, nu haal je in, nu sta je op, nu zeg je iets, nu koop je dat boek”, te betrappen. Het idee dat er buiten mijn eigen brein een zelf bestaat dat dit soort beslissingen neemt, is een vergissing. Je brein neemt zijn beslissingen autonoom op basis van de gegevens waarmee het gevoed is, dan wel waarmee jij het zelf gevoed hebt.

Daarom helpt het zo weinig als iemand je komt vertellen wat je eigenlijk zou moeten doen. Je weet vaak heel goed wat je eigenlijk zou moeten doen. Maar je weet ook dat je daar maar al te vaak toch niet naar handelt.

Wie meent zijn werkelijkheid te kunnen besturen door het nemen van de juiste beslissingen, is als een chauffeur, die meent zijn auto te moeten besturen door bij iedere bocht uit te stappen om met eigen handen de voorwielen te verdraaien, dan weer instapt, de hoek omrijdt, weer uitstapt om de wielen weer recht te zetten en dan doorrijdt.

Als je de creatiespiraal gebruikt om je werkelijkheid te besturen, ben je als de chauffeur die ontdekt heeft dat je een auto gemakkelijker van binnenuit kunt besturen, door het stuur in handen te nemen. De voorwielen gehoorzamen dan op indirecte wijze zijn aanwijzingen en brengen hem daar waar hij wil zijn.

Neem je eigen stuur in handen, zorg voor een emotionele balans, ken je eigen wensen, creëer een helder beeld, zorg voor positieve verwachtingen en vertrouw er vervolgens op dat de beslissingen die je neemt je op den duur vanzelf zullen brengen waar jij wenst te zijn. Jouw werkelijkheid bestuur je met de juiste innerlijke programmering, je beslissingen leiden je dan op indirecte wijze naar het door jou gewenste resultaat.

Hoeveel mensen ben je niet toevallig tegengekomen die later een belangrijke rol in je leven zijn gaan spelen? Zou je die mensen ook ontmoet hebben als jij niet net op dat moment op die ene plek was geweest? Je hebt onmogelijk vooraf kunnen voorzien wat er ging gebeuren door je keuze om daar op dat moment te zijn. Misschien voelde je een impuls die je gewoon maar gevolgd hebt.

Welke beslissingen heb je allemaal genomen waardoor je je partner hebt leren kennen? Welke impulsen heb je gevolgd waardoor je de baan hebt die je nu hebt? Welke stappen heb je gezet waardoor je dit boek in handen kreeg en wat zouden daarvan de consequenties voor je leven kunnen zijn?

Je kunt dus ook nu niet weten wat je te doen staat om je doel te bereiken. Je weet gewoon nooit zeker wie of wat je langs welke weg zult tegenkomen. Je bent dus overgeleverd aan de kwaliteit van de beslissingen van je eigen brein. Je staat keer op keer voor de keuze: "Neem ik het risico en luister ik naar de impulsen die mijn brein afgeeft of doe ik dat niet?" Misschien heb je maar één enkele keuze. Je volgt je impulsen of je volgt ze niet. Je kunt je zelfs afvragen of je die keuze wel hebt of ook die beslissing niet gewoon afhankelijk is van de stemming waarin je verkeert.

Afhankelijk van je innerlijke programmering zullen je beslissingen leiden naar een gewenst dan wel een niet gewenst resultaat. Let maar eens op, als je niet kunt kiezen en je je heen en weer geslingerd voelt tussen twee mogelijke beslissingen, vraag je dan eens af in welke stemming je naar de ene en in welke stemming je naar de andere kant neigt? Vertrouw erop dat je in de stemming met het meeste innerlijke zelfvertrouwen als vanzelf kiest voor een weg die leidt naar een voor jou zinvol resultaat.

Wacht met het nemen van een belangrijke beslissing tot je daarvoor in de juiste stemming bent. Of probeer die stemming zelf te creëren. Zoals in het geval van een plotseling gevaarlijke (verkeers)situatie waarbij je onmiddellijk overstapt op de automatische piloot, met als innerlijke programmering "Ik ben emotioneel volkomen rustig, ik ben helder van geest, dit loopt goed af, ik ben alert, vertrouw mijzelf en handel adequaat." Je wordt pas bang als het gevaar geweken is. Zo kun je ook op weg naar de realisatie van andere wensen bewust kiezen voor een passende innerlijke programmering waardoor de kans op het nemen van de juiste beslissing optimaal is.

Creëer in jezelf, afhankelijk van het doel dat je voor ogen staat, een sfeer van zelfvertrouwen met beelden van welzijn en overvloed, van liefde en vrede of van kracht en vitaliteit en beslis pas dan.

Soms kom je maar niet tot een beslissing. Je omgeving begint druk uit te oefenen en misschien vind je ook zelf dat je zo langzamerhand je beslissing wel genomen zou moeten hebben. Doe je die opleiding nu wel of niet? Ga je nu wel of niet mee op vakantie? Ga je met de één of met de ander in zee?

Laat je niet opjagen. Je brein neemt zelf zijn beslissingen. Als het nog geen beslissing genomen heeft, dan heeft het gewoon nog geen beslissing genomen. Probeer je brein niet te dwingen tot een besluit te komen als het er nog niet aan toe is. Je riskeert dan de verkeerde beslissing of de juiste beslissing op het verkeerde moment te nemen. Neem je beslissing niet voordat je haar van binnen werkelijk genomen hebt.

Vertrouw je eigen intuïtie. Handel pas als je daartoe een positieve innerlijke aandrang voelt. Bel iemand niet omdat je denkt dat het nu moet maar wacht tot je voelt dat je het wilt of dat dit het goede moment is. Begin niet aan een klus omdat het moet maar doe het pas als je op een positieve manier voelt dat de tijd er rijp voor is. Als je dat moeilijk vindt, gebruik dan eerst een paar dagen de affirmatie "Ik doe de dingen altijd op het juiste moment." Het is wonderlijk om te ervaren hoezeer gebeurtenissen en ontmoetingen in je leven in elkaar blijken te passen als je bereid bent naar je intuïtie te handelen.

Je intuïtie is natuurlijk niet altijd te vertrouwen. Als je slechte zin hebt, je weet niet wat je wilt en je verwachtingen zijn negatief, dan kun je beter niet op je intuïtie vertrouwen. Je impulsen zouden je dan wel eens precies de verkeerde kant uit kunnen sturen. Het is niet voor niets dat mensen in een depressieve stemming geneigd zijn niets meer te ondernemen, weg te kruipen en te wachten op betere tijden.

Als je echter zorgt voor een positieve innerlijke programmering, van binnen je stuur op de juiste manier in handen hebt, volg dan je impulsen en vertrouw erop dat ze je hoe dan ook ergens zullen brengen. Een punt van waaruit jij weer verder kunt.

Wees niet bang om een verkeerde beslissing te nemen. Soms is het voor het bereiken van je einddoel gewoon noodzakelijk om eerst fouten te maken. Fouten waar je van kunt leren. Hoe zou een kind anders ooit leren lopen? Zelfs als je beslissingen leiden tot een ongewenst resultaat kun je dat in de fase van het ontvangen gebruiken om een oud patroon te onderkennen en los te laten.

Houd de gewenste toekomst in beeld, zorg voor een goede stemming en positieve verwachtingen, volg nu je impulsen en handel. Leef het avontuur dat leven heet. Zeg nee, als je nee voelt en zeg ja, als je ja voelt. Het is nu tijd voor de volgende fase, het echte werk.

Hoofdstuk 11

Het zesde huis
Het echte werk

Het meest vertrouwde en meest vanzelfsprekende deel van ieder creatieproces: het echte werk. 'Niet lullen maar poetsen.' Als geboren Rotterdammer voel ik een grote affiniteit met mensen die zich beroepshalve veel in dit deel van de spiraal ophouden, zoals bouwvakkers, havenwerkers en ambachtslieden. Als kind stond ik vaak uren bij bouwplaatsen te kijken hoe grote mensen aan het werk waren en wat voor slimmigheden ze allemaal gebruikten om zo'n kolossaal gebouw overeind te krijgen. Ik hou van hard werken en van mensen die het doen.

Toch wordt het belang van handelen en volharden in onze cultuur ernstig overschat. Zo erg zelfs dat veel mensen zich niet op hun gemak, zich zelfs schuldig voelen als ze niet aan het werk zijn. Echt werk is slechts één van de zes werkgebieden in het creatieproces. Het is van wezenlijk belang maar de overige werkgebieden zijn dat evenzeer.

Je kunt zo sterk door je werk in beslag genomen worden dat je niet meer weet waarom je het aan het doen bent. Je raakt het contact met je oorspronkelijke doel, de realisatie van je verlangens helemaal kwijt. Je werkt omdat het nou eenmaal moet. Werken is gewoon niet leuk meer en het wordt tot een last. Je voelt je er niet lekker bij. Als je dat signaal negeert, zal je lichaam proberen jou het werken onmogelijk te maken. Je wordt eerst moe en daarna ziek. Een uitnodiging om je te bezinnen, om terug te gaan naar stiltewerk.

Als je de eerste vijf huizen grondig doorlopen hebt en alle noodzakelijke voorbereidingen hebt getroffen, dan weet je zeker dat je op het goede spoor zit. Je kunt je zonder zorgen en met uitzicht op succes overgeven aan het echte werk. Wat dat echte werk is, verschilt uiteraard van wens tot wens en kan variëren van puur lichamelijke tot zuiver intellectuele arbeid, van routinewerk tot ingewikkelde creatieve prestaties. Het echte werk vindt echter uiteindelijk altijd zijn expressie in de wereld buiten jezelf.

Als je met volledige inzet en geconcentreerd aan het werk gaat, zul je er langzaam maar zeker helemaal in opgaan, zoals een kind volledig opgaat in zijn spel. Je bijt je er in vast. Je voelt de druk van je eigen planning. Maar er is ook de blijde verwachting die je in staat stelt om met oneindig geduld aan je project te blijven werken.

Al doende ontwikkel je de benodigde vaardigheden want echt werk is vooral een kwestie van vallen en weer opstaan en hoe dan ook blijven geloven. Als je ooit kampioen wilt worden, zul je eerst een hele tijd een goed verliezer moeten zijn. Je geloof wordt keer op keer op de proef gesteld. Je zult moeten volharden, ook op het moment dat het moeilijk wordt. Je zult je geloof en zelfvertrouwen behouden, ook als je je afvraagt hoe lang het nog duurt, en je laat je niet ontmoedigen als je de planning niet haalt.

De kunst is iedere tegenslag zo te verwerken dat ze jou ten goede komt en bijdraagt aan je kansen op succes. Dat doe je door direct na zo'n tegenslag de creatiespiraal in een versneld tempo te doorlopen. Eerst voel je hoe het voelt, de pijn, de teleurstelling, de woede, het verdriet, de stress of welke emotie er dan ook mee gepaard gaat. Ga dat gevoel niet uit de weg maar doorleef het met overgave. Praat er niet over maar geef er fysiek uitdrukking aan. Daardoor zul je het naar verhouding snel en gemakkelijk loslaten. Maak opnieuw contact met je einddoel, visualiseer het beeld dat je daarvan eerder geconstrueerd hebt. Herbevestig je vertrouwen, verwerk de praktische informatie die je uit je tegenslag hebt opgedaan, stel je strategie bij en ga opnieuw aan het werk.

Je zet zelfs door als je over een grens gaat en je lichaam pijnsignalen geeft. Zoals bij een marathonloper die zich tot het uiterste geeft. De pijn die je voelt als je innerlijk gemotiveerd je grenzen verlegt, is van een geheel andere aard dan de pijn die ontstaat als je aan iets werkt wat jou niet motiveert. Het laatste is ziekmakend en verzwakt. Het eerste betreft een groeipijn en die maakt je sterker. Net zoals bij de marathonloper ga je door tot op het punt waar inzet en overgave in elkaar overvloeien en wilskracht en cadans met elkaar versmelten.

Volharden gaat enerzijds over wilskracht, discipline, moeite doen, je grenzen verleggen, maar gaat ook over het bereiken van een zekere cadans, over overgave, over meestromen. Je verlegt je grenzen en transformeert de pijn in een 'high', komt in een staat van overgave en bereikt en ervaart 'flow', de vreugde en het genoegen van het volledig zijn, aanwezig zijn met al je aandacht, kwaliteit en energie.[10]

Je ervaart in de materie de kracht van geloven. Je merkt dat je daadwerkelijk in staat bent dingen te realiseren die je daarvoor alleen maar durfde te dromen. Want dat is het wat een mens intens gelukkig maakt. Het innerlijke vertrouwen dat je er ooit zult komen, maakt het echte werk tot een diep ervaren van wat in leven zijn eigenlijk is.

Het is heerlijk om op de toppen van je kunnen te mogen werken aan de realisatie van hetgeen je werkelijk wenst. Het is als een roes en omdat het gaat om de realisatie van jouw ideaal, jouw bestemming, geef je jezelf dan ook helemaal. Heel je wezen is gericht op de verwezenlijking van jouw opdracht. Je bent bereid jezelf te geven zonder jezelf te ontzien. Zoals een moeder zich geeft voor haar kind, zo geef jij je nu voor de realisatie van jouw wens. Het geeft zin en betekenis aan jouw leven.

Je wens krijgt gestalte in de materie. Je ziel heeft zich bediend van jouw lichaam en geest om zich te spiegelen, om zichzelf te leren kennen, om zichzelf bewust te worden. In de verbeeldingsfase heeft ze je bevrucht met een wensbeeld. Je bent geruime tijd in blijde verwachting geweest. Nu baar je als het ware de wens. Daarmee komt je bezieling tot gestalte.[11]

In de slotfase van het creatieproces wordt van lichaam en geest het uiterste gevraagd. Nelson Mandela heeft met zijn levensloop laten zien waartoe een mens, op basis van innerlijk geloof en vertrouwen in staat is. Lijden en vreugde maken beiden deel uit van de voltooiing van het creatieproces. Het genoegen dat de uiteindelijke vervulling van je verlangens je schenkt, zal zeker opwegen tegen de pijn die je ervoor geleden, en de moeite die je ervoor gedaan hebt.

Het echte werk: je wilt het, je kunt het, je zult het volbrengen en uiteindelijk je bestemming bereiken, want dat is het waar je voor leeft. Om dat genoegen te kunnen proeven, moet je ook in staat zijn de grote en kleine successen die je boekt te herkennen, te ontvangen en te genieten. Daarover gaat het in het laatste huis, genieten van succes.

Hoofdstuk 12

Het laatste huis
Genieten van succes

Ik zou je vandaag schrijven over genieten van succes. Zoals gebruikelijk heb ik mij ook dit keer gisteravond ingelezen in het eerder geschreven ruwe materiaal. Mijn brein is de hele nacht bezig geweest met de opdracht "Schrijf morgen zodra je wakker wordt een inspirerend stuk over genieten van succes." Maar het loopt anders dan anders. Ik kom maar niet bij een gevoel van enthousiasme voor dit onderwerp.

Bij emotiewerk was ik gedreven je te vertellen dat bevrijding van oude ellende mogelijk is. Ik heb in mijn jeugd de nodige onaangename patronen opgelopen en het is werkelijk verrukkelijk om die één voor één te mogen afleggen. In het stiltewerk wilde ik je laten delen in mijn verwondering over de harmonie die ik steeds weer ontmoet tussen wat mensen wensen en wat ze kunnen. Bij positief denken ben ik trots op de eenvoud van het inzicht dat geloven niets anders is als de functie van het brein dat uit is op zijn eigen gelijk. Wat netwerk betreft, ben ik gepassioneerd door het vooruitzicht op een samenleving waar individuele passie en collectieve ambitie in elkaars verlengde liggen. Met strategiewerk wil ik laten zien dat je de werkelijkheid niet bestuurt met je beslissingen maar met je beelden en verwachtingen. Van het echte werk houd ik omdat ik het heerlijk vind om mij helemaal voor een ideaal te geven. En nu zou de apotheose moeten komen, een uitnodiging om te genieten van succes.

Genieten van succes, waarderen wat reeds is, een kwaliteit die in onze samenleving nauwelijks is ontwikkeld. We zijn in de hele geschiedenis van de mensheid, althans in een groot deel van de wereld, nog nooit zo welvarend geweest als op dit moment. Toch wordt er naar verhouding maar weinig van genoten. We waarderen niet echt wat is en lijken in samenhang daarmee te lijden aan een niet te bevredigen, niet te stillen en in vele opzichten destructieve honger naar meer.

Daarover wilde ik dus schrijven. De laatste pagina's van dit boek, het echte werk is bijna gedaan. Maar ik heb een lichte 'postnatale' depressie. Ik voel me wat koud en bitter, ik zit in mijn harnas, ik wil eigenlijk niet voelen, geen verdriet, geen liefde, geen teleurstelling en vooral geen opwinding. Zo kan ik niet schrijven over het genieten van succes. Dat moet toch gepaard gaan met vuurwerk, met orgastische, duizelingwekkende, bovenaardse gewaarwordingen?

Natuurlijk kan ik op een algemeen maatschappelijk en een individueel theoretisch niveau heel goed uitleggen waarom ontvangen, genieten en waarderen zo belangrijk zijn. Waarom wij zonder de kunst van ontvangen en waarderen gevangen blijven in eindeloze creatiecirkels. Eindeloos onze (voor)ouders blijven herhalen en weinig of niets van onze zielskwaliteit zullen toevoegen aan het bestaan.

Als ik heel eerlijk ben, moet ik bekennen dat ik nu, ook al klinkt het misschien anders, uit mijn verstand en niet uit mijn hart spreek en dat wil ik niet. Ik kan dus nu niet schrijven en zeker niet over genieten van succes. Tot ik mij plotseling realiseer dat genieten van succes niet zozeer de een of andere fantastische gemoedstoestand is, als wel een open en ontvankelijke houding tegenover wat nu hoe dan ook gaande is.

Genieten betekent voluit ontvangen en bewust ervaren wat het leven thans biedt. Succes boeken betekent dat wat je nu beleeft beschouwen als een betekenisvolle eigen creatie. Genieten van succes betekent dus dat wat nu is ontvangen en bewust ervaren als zijnde een betekenisvolle eigen creatie.

Ga er eens vanuit dat wat je op dit moment beleeft, jouw eigen creatie is. Plaats jezelf in het centrum van jouw werkelijkheid. Identificeer je met de schepper in jezelf. Houd niemand anders dan jezelf verantwoordelijk. Het kan zijn dat wat je nu beleeft de realisatie is van een wens, het kan ook zijn dat het een onderdeel is van één van je ongewenste eindeloze creatiecirkels. Ga in het laatste geval naar emotiewerk of is genieten van succes misschien hetzelfde als emotiewerk?

Als ik goed oplet, merk ik dat er in mijn leven vrijwel voortdurend dingen gebeuren die ik ooit eerder gewenst heb. Veel van mijn wensen realiseren zich terwijl ik mij daar nog niet eens van bewust ben. Ik beschouw mijn vrienden, mijn werk en mijn eigendommen als min of meer vanzelfsprekend. Sinds ik regelmatig visualiseer, ben ik me er soms van bewust dat ik iets beleef wat ik eerder gevisualiseerd heb, zoals bij het spreken voor een grote, volle zaal of het schrijven van een boek. Als ik dan het concrete resultaat feitelijk meemaak, moet ik mijzelf dwingen, als het ware wakker schudden, om de realisatie van mijn wensbeelden bewust onder ogen te zien. Het klinkt misschien raar maar vaak lijkt de visualisatie echter dan de realisatie ervan in de werkelijkheid.

Vraag je maar eens af welke aspecten van je huidige situatie jij jezelf in een eerder stadium hebt toegewenst. Je wilde op vakantie en nu is het zover. Geniet je ervan zoals je je dat eerder had voorgesteld? Je hebt de baan en het gezin dat je ooit wenste, hoe voelt het om daar nu te zijn? Je wenste een huis, hoe is het om er nu te wonen? In de praktijk blijkt genieten misschien toch niet zo gemakkelijk en vanzelfsprekend te zijn als je in je verbeelding had verwacht. Dat komt omdat je er meestal te laat mee begint. Genieten begint niet op het moment dat je je succes bereikt, het begint al veel eerder.

Elke fase in het creatieproces kent zo zijn eigen genoegens. In het eerste huis lachte je om jezelf. Om je krampachtig vasthouden aan oude, onaangename patronen. In het tweede huis ervoer je de blijde verwachting. In het derde huis beleefde je het zelfvertrouwen. In het vierde huis was er de vreugde van het inzicht en de verbinding, het praten over en het praten met. In het vijfde huis beleefde je de spanning en het avontuur van je eigen keuzes. In het zesde huis was er het genoegen van kracht, cadans en overgave op de grens van pijn en genot. In het laatste huis is er een bij vol bewustzijn genieten wat is.

Als je vanuit blijde verwachting werkt aan de realisatie van je wensen, dan kun je de hele reis genieten. Dan is je succes een schitterende climax en volgt daarop een welverdiende rust. Voor wie het voorspel en het vrijen heeft genoten, volgt een intens orgasme en een zalige ontspanning. Als je jezelf op weg naar je succes niet prettig hebt gevoeld, omdat je bijvoorbeeld bang was dat je er niet zou komen en je verwachtte alle plezier aan het einde van de reis, dan wacht daar in veel gevallen het zwarte gat. Zoals ik vanochtend ervoer.

Vrijwel iedereen heeft het wel eens meegemaakt. Je hebt er hard voor gewerkt, eindelijk heb je dat diploma of die grote opdracht gerealiseerd, je bent ermee klaar en dan is er opeens die enorme leegte. Een intens gevoel van ontevreden zijn en dat terwijl je er zoveel van had verwacht.

Heel wat mensen gaan om een 'postnatale' depressie te vermijden onbewust hun eigen succes uit de weg. Ze stellen hun doelen steeds verder weg waardoor ze ze nooit realiseren of ze maken datgene waar ze mee bezig zijn nooit af, zodat ze het succes niet hoeven proeven. Zij blijven hard aan het werk om zich maar niet bewust te hoeven zijn van hoe ze zich daar werkelijk bij voelen. Van ontvangen en genieten komt op die manier niet veel terecht.

Een ander fenomeen dat je plezier in het beleven van de climax, de realisatie van je wens, kan bederven, is dat je er misschien niet (openlijk) van durft te genieten. Je wenste ooit in het middelpunt van de belangstelling te staan en nu sta je daar. Durf je nu ook te voelen en te laten zien dat je ervan geniet? Je visualiseerde ooit dat je gewaardeerd werd. Nu word je overladen met complimenten en applaus. Durf je daarvan nu openlijk en met volle overgave te genieten? Daarmee beken je namelijk dat je het ooit wenste en misschien schaam je je daar wel voor.

Door op het moment dat je krijgt wat je verlangde de innerlijke vreugde die je dat schenkt bewust te voelen, voluit te genieten en daar openlijk fysiek uitdrukking aan te geven, komt het creatieproces tot vervulling. Kijk maar eens hoe een topvoetballer zijn goal geniet en hoe zichtbaar hij zijn vreugde beleeft. Als je je climax vrijuit geniet, er bijvoorbeeld een vreugdedans en wat geluiden bij maakt dan volgt op je succes als vanzelf een diepe innerlijke ontspanning en een heerlijke rust.

Daarom is het laatste huis tevens het eerste huis. Bij vol bewustzijn ontvangen, fysiek ervaren, voelen hoe het is als een wens vervuld wordt en daar openlijk expressie aan geven, dat is genieten van succes en dat is emotiewerk.

Ik noemde Toon Hermans in het eerste huis een kunstenaar in het op toneel, en dus in het openbaar transformeren van oud zeer, in het bewust maken, lachen en laten lachen om eindeloze creatiecirkels. Hij is een kunstenaar in het emotiewerk en hij is dan ook heel goed in het ontvangen van zijn succes, het ontvangen van applaus. Hij geniet er zo zichtbaar van dat het voor ons als publiek een genoegen is om voor hem te blijven klappen.

Als je zichtbaar geniet van wat je krijgt, krijg je nog meer. Al het positieve dat je openlijk ontvangt, begint te groeien. Kijk bijvoorbeeld eens naar je eigen talenten, hoe groot of hoe klein ze volgens jou ook mogen zijn. Als je ze ontvangt, herkent, erkent, er met respect over spreekt, er dankbaar voor bent, er van geniet en er trots op bent, dan zullen ze groeien.

Wees trots op je grote en kleine talenten zoals een moeder trots is op haar kind. Niet zozeer omdat ze dat kind zelf gemaakt heeft maar omdat ze het innig lief heeft. Omdat ze aldoor het positieve, het mooie en het krachtige in haar kind herkent en bevestigt, het daarmee voedt, zullen die kwaliteiten zich ontwikkelen. Zo zullen ook jouw talenten zich ontwikkelen als jij voortdurend het positieve erin herkent. Weet je waarom Italiaanse mannen zo vaak mooi zijn? Omdat Italiaanse moeders hun zoons aldoor vertellen hoe mooi ze wel niet zijn.

Een straatmuzikant die zijn talent accepteert voor wat het is en het openlijk durft te genieten, oogst juist daarmee succes. Als jij jouw kwaliteiten, groot en klein, waardeert en openlijk geniet, zullen ze zich meer en meer ontwikkelen. Bewaar je talenten niet onder de grond maar zet ze in het licht en zie hoe ze groeien. Door het negatieve te ontvangen, te voelen en te spelen, smelt het. Door het positieve bewust te ontvangen, te voelen en te spelen, groeit het.

Wie niet trots mag zijn op zichzelf zal maar moeilijk kunnen genieten van succes. Een artiest die tijdens zijn optreden zijn talent niet voluit geniet maar aan zichzelf twijfelt, zal minder applaus oogsten en moeite hebben om het applaus dat hij wel krijgt, te ontvangen. Als je in het werk waar je nu actief in bent je eigen talent bewust en voluit geniet, zul je meer waardering oogsten en zal het je gemakkelijker afgaan die waardering ook te genieten.

Ooit kende ik een danseres die mij vertelde dat ze tijdens het applaus na haar optredens meestal bezig was te inventariseren wat ze tijdens haar optreden niet goed gedaan had. Ik sprak ooit een muzikant die nu en dan kwaad was op zijn publiek als ze voor hem applaudisseerden terwijl hij zelf vond dat hij die keer niet best gespeeld had. Het gaat er niet om hoe goed je bent. Het gaat erom dat je jezelf ontvangt, jezelf waardeert en er openlijk van geniet. Herken je kwaliteit, je schoonheid, je kracht, je energie en je creativiteit, laat ze zien en uit daarmee je dankbaarheid voor het feit dat je ze gekregen hebt.

Nelson Mandela citeerde[1] ooit: "Als wij ons licht laten stralen, geven we onbewust andere mensen toestemming hetzelfde te doen. Als we bevrijd zijn van onze angst, bevrijdt onze aanwezigheid vanzelf anderen." Mandela is zelf, behalve een visionair, een gelover en een volharder, ook een ster in het transformeren van oud zeer en dus ook in het genieten van succes.

Wie zijn onaangename emoties eerder heeft leren voelen en transformeren, durft het ook wel aan te voelen wat het is om gecomplimenteerd, geliefd en beloond te worden. Als je verdriet, angst en eenzaamheid durft te voelen, ben je ook in staat vreugde, avontuur en verbondenheid te genieten.

Genieten is de kunst om bewust te zijn met dat wat nu is, wat het ook is. Alles wat je voelt, wat je ziet, wat je hoort, proeft en ruikt. Eten, bewegen, vrijen, fantaseren, leren, denken, praten en het hele circus van je emoties, je hele leven lang één boeiende voorstelling.

Door wat je niet bevalt, je negatieve creaties, bewust te ontvangen, leer je om jezelf te lachen en breng je jezelf in een positieve creatiespiraal. Door wat je wel bevalt bewust te ontvangen, je succes te genieten, til je jezelf naar een wezenlijker niveau van verlangen en creëren. Je wordt langzaam maar zeker steeds wijzer. Je geniet voluit maar vraagt jezelf ook telkens weer af wat je nu eigenlijk werkelijk verlangt.

Want ontvangen betekent ook afscheid nemen, afscheid van een creatieproces. Je bent aan het einde van de zomer. Er is weer een spannende periode in je leven voorbij en ook al verlangde je naar de realisatie van dit succes, nu het zover is, doet het ook pijn. Je zou het nog even willen uitstellen maar je weet ook dat het tijd is om los te laten. Het fruit is rijp en ook de bladeren beginnen te vallen.

Toch ontbreekt er nog steeds iets. Dit kan toch niet het slot zijn van een intensief creatieproces. Ik mis ondanks alle mooie woorden nog steeds een bevredigende afsluiting, de werkelijke apotheose.

Wat doet een appelboom eigenlijk als zijn fruit eenmaal volgroeid en rijp is? Wat is voor die boom de volgende stap? Laat hij zijn appels los, laat hij ze gewoon vallen of schenkt hij ze omwille van de verspreiding van zijn zaden als voedsel aan aangenaam verraste voorbijgangers? Een appelboom geeft zijn vruchten weg. Hij deelt zijn succes met de wereld en pas daarmee en dus niet met de realisatie van de vrucht op zichzelf, komt het creatieproces voor hemzelf tot een betekenisvol einde.

Als jouw wens eenmaal gerealiseerd is, is ook het moment aangebroken om de vruchten van je arbeid te delen. Je deelt met je kinderen, met je vrienden, met de ander, met de wereld. Als je na jaren van studie je diploma behaalt, wil je het geleerde ook kunnen inzetten en daarmee iets voor anderen kunnen betekenen. Als je een project realiseert, krijgt dat zijn betekenis omdat anderen er gebruik van maken. Als je iets moois maakt, krijgt het betekenis omdat een ander mens ervan blijkt te genieten.

De realisatie van jouw wens komt pas werkelijk tot vervulling als je de betekenis ervan kunt delen. Daarin vloeien jouw zin om iets te realiseren en het feit dat het zin heeft gehad in elkaar. Je egoïstische streven naar de realisatie van jouw wens blijkt uiteindelijk toch een meer dan alleen voor jouzelf betekenisvolle daad te zijn geweest. Deel je succes en geniet de rijkdom van het delen.

Heel lang heeft de mens gedacht dat hij egoïstisch was als hij zijn eigen wensen probeerde te realiseren. Alsof een appelboom egoïstisch zou zijn als hij veel appels produceert. Totdat hij ontdekte dat hij juist door zijn eigen wensen te realiseren en de vruchten van die realisatie te delen, de grootst mogelijke bijdrage leverde aan het geheel.

Als de appels gaan vallen, is het tijd voor een groot oogstfeest. Als iemand zijn succes begint te delen, is het tijd om appeltaarten te gaan bakken. Je succes met de wereld te mogen delen is, zeker als die wereld er van weet te genieten, de grootst denkbare beloning.

De herfst is aangebroken, het oogstfeest is nog gaande, naast de vruchten beginnen nu ook de bladeren te vallen. Een kleurrijk tafereel. Nog heel even is alle aandacht gericht op buiten, op het feest, maar de energie begint zich terug te trekken, terug naar binnen, terug in de wortels.

Ik kom weer tot mijzelf, ontspannen en vol vertrouwen maar toch ook ietwat bezorgd of op zijn minst nieuwsgierig naar een antwoord op de vraag: "Wat komt er nu? Komt er na deze stilte nog een nieuwe ronde? En zo ja, welk nieuw verlangen, welk nieuw doel zou dat kunnen zijn?" Laat ik daar echter niet op vooruitlopen. In het vertrouwen dat het nieuwe zichzelf zal aankondigen, geef ik mij nu over aan de stilte.

Noten

1. Ter gelegenheid van zijn inaugurele rede voor het presidentschap van de republiek Zuid-Afrika in 1994 citeerde Nelson Mandela uit een boek van Marianne Williamson getiteld 'Return to love':

> *"Our deepest fear is not that we are inadequate. Our deepest fear is that we are powerful beyond measure. It is our light and not our darkness that most frightens us.*
>
> *We ask ourselves: who am I to be brilliant, gorgeous, talented, and fabulous? Actually, who are you nót to be? You are a child of God. There's nothing enlightened about shrinking, so that other people won't feel insecure around you.*
>
> *We are meant to shine as children do. We were born to manifest the glory of God that is within us. It is not just in some of us. It is in everyone.*
>
> *As we let our own light shine, we unconsciously give other people permission to do the same. As we are liberated from our fear, our presence automatically liberates others."*

N.B. De in dit boek gebruikte Nederlandse vertaling van deze tekst is van een mij niet bekende vertaler.

2. “Unsere Wünsche sind Vorgefühle desjenigen, was wir zu leisten imstande sind.” Citaat uit ‘Aus meinem Leben. Dichtung und Wahrheit.’ Teil 1-3 van Johann Wolfgang von Goethe (1811-1813).
3. In ‘De dansende woe-li meesters’ schrijft Gary Zukav (1979) ergens halverwege zijn boek. “Als wij onze werkelijkheid op een vierdimensionale manier konden zien, zouden we ontdekken dat alles wat zich nu voor ons lijkt te ontvouwen met het verstrijken van de tijd, reeds *in toto* bestaat, als het ware geschilderd op het doek van ruimte-tijd. Dan zouden we alles, verleden, heden en toekomst in een oogopslag zien. Natuurlijk is dit slechts een mathematische voorstelling (of niet?). Doe maar geen moeite een voorstelling te vormen van een vierdimensionale wereld. Ook fysici kunnen dat niet.” Mij lijkt dat je die moeite beter wel kunt nemen.
4. Over het onderscheid tussen jezelf bewust zijn en jezelf kunnen besturen, heb ik bijzonder veel geleerd van Gurdjeff en Ouspensky. De boeken ‘De vierde weg’ en ‘Op zoek naar het wonderbaarlijke’ van P.D. Ouspensky hebben daarbij een grote rol gespeeld.
5. De Amerikaan die mij kennis liet maken met de wonderbaarlijke kracht van visualisatie- en affirmatietechnieken heet Frank Natale: ‘The results course’ (1987).
6. Ik ben helaas de naam van de onderzoeker kwijt. De resultaten zijn, als ik het mij goed herinner, rond 1995 gepubliceerd. Welke lezer helpt mij aan deze gegevens, zodat ik ze in een volgende druk kan opnemen?
7. Bernard Lievegoed, hoogleraar en antroposoof schreef ‘De levensloop van de mens’(1976), weerslag van een levenvullende studie naar de verschillende fasen in het leven van de mens.

8. Eva Pierrakos gaf vele lezingen (1958-1979). Een aantal daarvan is vertaald en uitgegeven onder de titel 'Pad-werk'. Zij is een van de weinigen waarvan ik weet dat zij op een enigszins vergelijkbare wijze omgaat met de door mij beschreven transformatie van negatieve emoties.
9. Alhoewel wat ik hier schrijf heel erg lijkt op hetgeen Daniel D. Ofman beschrijft in zijn boek 'Bezieling en kwaliteit in organisaties'(1992), blijkt er bij nadere beschouwing een fundamenteel verschil. Valkuilen ontstaan niet omdat mensen met kwaliteiten ín die kwaliteiten te ver doorgaan, maar juist omdat zij die kwaliteiten hebben leren onderdrukken en de vulkaan waar zij bijgevolg mee leven zo nu en dan ontploft. Doorslaan is het gevolg van een onderdrukte kwaliteit.
10. "De basis voor menselijk geluk is de toestand van flow; de ervaring van geconcentreerd werken aan een taak die de (volle) aandacht vasthoudt." Zo vatte H. Spiering in het NRC Handelsblad van 4 juli 1998 de bevindingen samen van professor Mihaly Csikszentmihalyi zoals hij die beschrijft in 'Finding flow' (1997).
11. Twee mij verrassende citaten uit de Nederlandse vertaling van 'Conversations with God: an uncommon dialogue'(1995) van Neale D. Walsch: "De functie van de ziel is haar verlangen aan te geven ... De functie van de geest is te kiezen ... De functie van het lichaam is die keus ten uitvoer te brengen." "De ziel vormt het denkbeeld. De geest schept, het lichaam ervaart. De cirkel is compleet. De ziel kent zichzelf dan in haar eigen ervaring."

Knoope Ideaal Coaching BV

(Nederlands / Engels / Duits / Frans)

Voordrachten

Workshops & Seminars
Individuele coaching

Berg en Dalseweg 361
(NL)6523 LM Nijmegen
tel.0031-(0)24-3602276
E-mail: marinus.knoope@inter.NL.net
Internet: www.decreatiespiraal.nl